Kariya Tetsu vs. Kishi Asako

雁屋 哲×岸 朝子

美《お》味《い》しんぼ食談

遊幻舎

美味しんぼ食談

まえがき

『美味しんぼ』で一世を風靡《ふうび》した雁屋さんから、対談で本をつくらないかとお話があった。光栄ではあるが恐ろしいお申し出だったが、言いたいことを言わせてもらえそうなのでお受けした。戦後半世紀を過ぎてしみじみ思うのは、こんなはずじゃなかったということだ。「衣食足りて礼節を知る」との教えを受けた私たち大正生まれの者にとって、礼節はどこかに消えた現代。言いたいことは山ほどあるが、食べることを大切にした家庭に育ち、病人をつくらない食事の普及が建学の精神である学園に学び、料理記者として五十年あまり仕事を続けてきた私は食生活の乱れがなんといっても気がかりだ。

昭和二十（一九四五）年九月二日、日本が連合諸国に対する降伏文書に調印し第二次世界大戦が終わったその翌朝、私の母の弟で陸軍大佐親泊《おやどまり》朝省《ちょうせい》は妻と二人の子どもをともなって自決した。その遺書に敗戦後の日本の行く末を案じる中で「強姦を恐れず、和姦を恐れる」といった言葉があった。食文化ひとつとっても、じわじわと日本の国そのものが蝕《むしば》まれているのではないだろうか。伝統を守るということは、頑《かたく》なに守るだけでない。新しい風を吹き込みながら灯《とも》し火を消さないようにすることだ。戦後、日本人の食生活はそれまでに欠けていた栄養素を補うことで変化し、子どもたちの体位は伸び、寿命も世界一となっているが、昭和四十年代以降はゆき過ぎたと私は反省している。文句を言ったり批判したりしても、ものごとは解決しない。ゴマメの歯ぎしりかもしれないが、少しでも命をつなぐ食の大切を伝えたいと思っている。

ここで素晴しい家族を紹介する。雁屋さんが照れると思うが、雁屋ご一家は見事である。数年前、女子栄養大学の姉妹校があるオーストラリアのパースを訪れた折、シドニーに立ち寄った。「シドニーまできたらあとは僕に任せろ」と常々言われていたとおり、雁屋さんがあちらこちら案内してくださった。光子夫人とご長男とは何回かお会いしていたが、四人のお子さん全員とは初対面。礼儀正しく明るくすがすがしい家族と、楽しい夕食をご一緒した。聞けば光子夫人のお母さまが同居されていたとのこと。核家族化された現代社会では「国宝もの」だ。やはり伝統を受け継いでいくために、私たち老人は嫌われても死ぬわけにはいかない。おいしく食べて健康長寿をモットーにして。

岸　朝子

もくじ

第4章――食卓から考える日本

終章――最後はこれを食べて死にたい

本文中の漫画は、『美味しんぼ』（雁屋哲・作　花咲アキラ・画／小学館刊）より引用させていただきました。

序章

記憶に残る食べ物

素材の味をいただく料理

雁屋　岸さんとはずいぶん長いおつきあいですけども、こうやって面と向かって対談するのは初めてですね。

岸　そうですね。

雁屋　いままでさんざんおいしいもの、珍しいものを食べてこられたと思うので、まずは「一番おいしかった食べ物」の話から始めましょうか。昔にさかのぼってだともうキリがないから、最近食べたもので何かありますか。

岸　一番最近いただいて、わっと思ったのは、ハモしゃぶね。瀬戸内海に面した尾道でいただいたんです。ハモって、一寸に二十七とかいって、チョンチョンチョンと包丁目を入れて切り落としたあと、さっと熱湯をくぐらせて水にとって、梅ビシオで食べることが多いでしょ。それから片栗粉をはたいてボタンハモといって椀種にしたりね。このあいだいただいたのは、包丁を入れてあるだけのハモをお鍋に盛りつけて、あとお野菜とかを取り合わせて、昆布だしでしゃぶっとやって食べるの。初めていただきましたけど、おいしゅうございました。

雁屋　かなり召し上がりましたか。

岸　そうですね。かなりといってもそればっかりじゃなくて、コースの中の椀《わん》がわりとして前菜のあとに出てきたんですけどね。

雁屋　僕は先週、桑名ではまぐりを食べましたよ。

岸　桑名の焼きはまぐりね。

雁屋　そう、桑名の殿様はしぐれで茶づけ。最初、桑名のはまぐりなんて、いわゆる名物にうまいものなし、という感じで、半分期待して、半分期待しないで出かけたんです。ところがすごくおいしかったんですよね。いま国内産のはまぐりがとれるといっても、日本原種のはまぐりは激減しちゃったでしょう。ほとんどが中国、韓国からの輸入ものばっかりですよね。ところが桑名のあたりは川が三本流れ込んでいて、淡水と海水が混ざりあった汽水域ができているんですね。そこで育ったはまぐりだからすごくおいしいの。もう、まんまるなんですよ。ふっくらとしてるんだけど、殻《から》自体の厚さはない。ふっくらしてるのが全部身のふっくらなの。

岸　いいですね、そういうはまぐり。ここんところ見たことない。

雁屋　はまぐり鍋をしたんですけどね。鍋の中にまずかつおぶしと昆布と何かでだしをとる。そのだしは透き通っているわけです。そこに生のはまぐりを入れる。はまぐりが煮えるとポンと開く。それを食べるんだけど、まんまるで、口に入れると滑らかでやわらかくて、嚙むと中からおいしいおつゆがピュッと飛び出すの。ひとりで二十数個食っちゃった。

岸　わっ、すごい！

雁屋　はまぐりってこんなおいしいものかと思いましたね。そのあとの焼きはまぐりもおいしいし、最後に雑炊をつくるんですよ。そうすると、はまぐり自体から塩味がでて。

岸　そうそう、結構だしが強いのね。

雁屋　いやみが何もない。僕は生まれて初めてこんなおいしいはまぐりを食べたと思った。それまでは、ふぐが雑炊の中で一番うまいと思ってたけど、はまぐりの雑炊もそれに匹敵しますね。塩も入れないんですよ。はまぐりから出てきた塩味がちゃんとついている。まさに目からウロコが落ちましたね。

岸　それこそ、日本の海の豊かさじゃない。

雁屋　そうですよね。

岸　去年の話ですけど、私は宍道湖《しんじこ》で、それこそ水の味がするしらうおに感激しましたね。

雁屋　「宍道湖七珍」とかいうんでしょう。あそこも汽水域だからおいしいですよね。

岸　宍道湖も一時、中海を干拓する計画があったようだけど、漁師たちがやめさせたみたいね。

雁屋　僕は頼まれて会議に行きました。そんなことをするのはとんでもないって。漫画にも書きました。あそこは止めさせるのに成功したんだけど、長良川の河口堰《せき》はつくられちゃった。

岸　しゃぶしゃぶといえば、稚内で食べた「たこのしゃぶしゃぶ」。

雁屋　たこのしゃぶしゃぶ？

岸　銀座なんかでも看板が出てるところがあるけど、そこは真だこじゃなくて、水だこ。脚がこんな長いの。豪快でしたね。

雁屋　硬くないんですか。

岸　いえいえ。たまねぎとか、レタスなどの青い野菜を大きくちぎってじゃんじゃん入れて、それが煮立ったところでしゃぶしゃぶするの。めいめいが箸《はし》でしゃぶしゃぶするのが、本当のしゃぶしゃぶよね。

雁屋　たこの脚の部分を薄切りしてあるんですか。

岸　そう。だから、白くて生で。ふにゃふにゃしてるけど、おいしかったですよ。

雁屋　それは食べたことないなあ。

岸　普通東京でしゃぶしゃぶというと、先にしゃぶしゃぶしてから、そのだしで野菜を食べるんだけど、そうじゃないのね。

雁屋　先に野菜を入れちゃうんですか。

岸　そう。春菊とか、そういうのはべちゃべちゃになるから後から入れますけどね。そうした素材の味をいただく料理はおいしいですよね。

雁屋　僕はこのあいだポーランドに行ったんですが、ピエロギという餃子《ギョーザ》があるんですよ。ロシアの餃子、ピロシキとはまた全然違って、ほんとに餃子そのもの。日本の餃子はふっくらしてるでしょう。ポーランドのピエロギは平べったいんですよ。でも、あくまでも餃子。中身がマッシュルームとザワクラウトの刻んだのを入れて。

岸　ザワクラウトっていうのがいいわね。

雁屋　マッシュルームとザワクラウトを入れたピエロギがクリスマスの食べものだそうです。僕はポーランド人に非常に親しみを抱いちゃった。ショパンもこれを食べたかと思って。

岸　ショパンの曲が響いてきたんじゃない？

雁屋　餃子とショパンは意外な結びつきでしょう。ただ、ニンニクは使ってない。焼き餃子、茹《ゆ》で餃子、揚げ餃子があるように、焼き、茹で、揚げの三種類があって、ドゥミグラソースみたいなのをちょっとかけるのもあるし、たれっぽいのをかけるのもあって、いろんな食べ方がある。僕が食べたのは、茹でたピエロギに刻みパセリを上にパッとかけて、その上にバターを乗せる。バターとパセリだけで茹で餃子を食べるんです。これはまさに、ふい打ちのおいしさでした。

また食べたい「鮒寿司のお茶漬け」

雁屋　おいしいまずい、というのとは別の次元で、「思い出に残っている食べ物」というのがありますよね。何かありませんか?

岸　そうね。私は子どものとき、父が牡蠣《かき》屋だったから、剝《む》き子さんたちが焚き火をしてるところで牡蠣を焼いてもらったりとか、やっぱり一番たくさんいただいたのは牡蠣ですよね。

週刊誌とか雑誌で「二十世紀終わりにしたい晩餐《ばんさん》は何ですか」という取材があったときは、一応かっこよく、「母がつくってくれた新じゃがとグリーンピースと鶏肉のさっと煮。それから風邪が治って食べさせてもらったおかゆと梅干」なんて言いましたけどね。一つだけ、「あっ、また食べたい」とときどき思うのが、なれ（鮒《ふな》）寿司の茶漬け。あなたも知ってる店、「かんざし久」。

雁屋　ああ、久さんとこ。久さん元気?

岸　元気、元気。一人でまだ頑固にやってる。最初は串がついたのね、「串かんざし久」だったのに、どんどん上がとれて、ただの久になっちゃった。場所は先斗町《ぽんと》の歌舞練修所の入り口のところね。

私は昭和二十年代に、初めてなれ寿司というのをいただいたとき、食べ方はわからないし、お酒もその頃はあまり飲んでなかったから、高価だったと思うんだけど、捨てちゃったの。

雁屋　捨てちゃったんですか。

岸　だって、わからないんだもの。みんな、くさいくさいって言うから。それで捨てちゃったんだけど、後日、料理記者になっていろんなところで食べたりして、いい悪いの区別がつくようになった。あるとき、タクシーの運転手さんが「京都の人はなれ寿司を茶漬けにするんです」と言うのよ。「私、まだ食べたことないな」って言ったら「うまい、うまいって言ってますよ」。その話が頭にあったのね。

で「料理の鉄人」のときに、ニューヨークの「NOBU」という店から来た森本正治さんが、鮒寿司メシっていうのかなあ、ご飯が炊き上がったところに、鮒寿司を乗せて蒸らしてほぐした。これがおいしかったんですよ。「そうか、茶漬けっていうのも同じかな」と思って、そのあと京都に行ったときに食べたの。すごくおいしくて、それからやみつきになりました。

雁屋 うん、おいしいですね。

岸 ただし、一匹が一万円以上。四年物じゃなきゃだめなんですって。琵琶湖もブラックバスとかブルーギルとか外来の魚が食べちゃうから、絶対量も少ないみたいね。

雁屋 僕は鮒寿司の取材に行ったことがあるのね。鮒寿司って二通りあるでしょう。べっちょり濡れた感じのやつと、硬いからっとしたのと。そのときにお茶漬けにするとうまいですよって言われたんです。さっそく取材に行ったさきの家に上げてもらって、食卓で食べさせていただいた。鮒寿司は、ご飯を外して食べるでしょう。そのご飯を鮒寿司の上にのっけて、それからお茶漬けにする。すっぱいご飯がお茶漬けにとけて、これがまずおいしいの。それで僕は鮒寿司のお茶漬けってうまいもんだなと思いましたね。

岸　日本の発酵文化よね、旨味《うまみ》が出る。

雁屋　あれ、嫌いな人はだめみたいですね。

岸　でしょうね。クサヤみたいな感じがあるからね。

雁屋　クサヤほどじゃないと思うけど。クサヤはなんか特殊な臭いがする。そんな臭いはしないけど、チーズに似てますよね。

岸　私は取材に行った帰り、わざわざ京都で降りて、それだけ食べに行ったわけよ。そうしたら、イタリアのコモ湖から来た人と隣りあったのね。私が食べてたら、「何を食べているんですか」と聞くから、「鮒寿司のお茶漬け」って答えた。そしたら「おいしいか、どんな味か」と聞いてきたから、「ゴルゴンゾーラの味だ」って言ったの。次に行ったときに「あの外人さん、どうした？」って聞いたら、喜んで食べていったよって。

雁屋　鮒寿司っていうのは、好き嫌いがすごく激しいんだけど、このあいだ、「京味」の西さんが鮒寿司の海苔巻をつくってくれたの。鮒寿司のたまごの部分だけを小さく鉄火巻ぐらいに細く巻いてね。中にたくさんたまごが入ってる。これはおいしかった。

岸　贅沢《ぜいたく》だわ。

雁屋　口に入れたとたんに香りがほわんと来て。

岸　口の中はシャラシャラっとして、たまごの味で。
雁屋　こんなうまいもの、あるのかと思った。
岸　このあいだ、「魚寅楼《うおとらろう》」という琵琶湖に面した老舗《しにせ》料亭のおかみさんが女子栄養大学の卒業生だというので訪ねて行ったんですよ。そうしたらそこでつくったという鮒寿司もおいしかった。みんな、ご飯粒まで残さず食べてました。
雁屋　そうですよね、あのご飯粒がおいしいんだもん。
岸　ご飯粒を肴《さかな》にしてお酒を飲んでもおいしいのよ。お酒をちょっとご飯粒にたらしてね。
雁屋　あれをすくいながらお酒をちょびちょびいけるんですよね。ひと切れだけでもうまいですけどね。
岸　芸術品だわね。でも、「鮒寿司のお茶漬け」は思い出に残るというよりは、ふと食べてみたくなる味ですね。

一生に一度の父の味

雁屋　僕は思い出に残るっていうと、やはり子どもの頃になってしまう。僕は中国で生まれて、四歳ぐらいまで北京にいたんですよ。そのとき覚えてるのが、ナツメの実。高い木におじさんが登って、青いナツメの実を棒でパラパラ叩き落とすんですよ。それを僕と姉でエプロンみたいなのに入れてもらって帰るんだけど、この青いナツメの実のうまさったら忘れられないんです。

岸　ナツメっていうとたいてい乾燥したものよね。

雁屋　でしょう。ところが、生のナツメはシャクシャクして、いい香りで、その味と香りが忘れられないんですよ。

岸　酸味があるの？

雁屋　酸味もちょっとあるんですよ。香りがよくってね。いま乾燥のナツメがあるでしょう。あれを嗅《か》ぐとほのかに思い出がよみがえるんだけど、もっといい香りなの。僕はそれを死ぬまでにもう一度食べたいと思うんですよ。

岸　私の思い出に残る味っていうと、小学生の頃、朝食欲がないってごたごた言ったことがあるんです。そうしたら、父がお手伝いさんに前の晩のすきやきのお肉を持ってこさせたのね。フライパンにバターを溶かしてそのお肉をさっと焼いたあと、当時はオーブントースターなんてないから長火鉢の上でこんがり焼いたパンにバターを塗って、焼いた肉を乗せてトーストサンドをつくってくれた。いまでもうちでときどきやるけど、いわゆるビーフトーストサンドよね。

雁屋　そりゃあうまいわ。醬油《しょうゆ》味かなんかをつけるんでしょう。

岸　つけない。バターの塩分だけで。それがすごく記憶に残ってる。一生に一度の父の味だったからでしょうね。

雁屋　うちの父は僕たちが受験勉強をしていると、会社の帰りに銀座のローマイヤに寄ってパンとソーセージを買ってきてくれるんですよ。夜中、勉強してると、ニタニタして「ほらほら、夜食だ」ってくれるんですよ。それがホットドックなんです。このくらいのローマイヤのパンにローマイヤのソーセージが入ってる。僕はいまだにあんなおいしいホットドックは食ったことがない。そういう、親に作ってもらった味というのは忘れがたいですね。

ガムをつくり、スカンポをかじった

雁屋　でも、「思い出の味」というと、大体貧しい頃の話になりますね。

岸　そうね、私はサツマイモの蒸しパン。サツマイモをゴロゴロ入れてね。

雁屋　どうやるんですか。

岸　普通の重曹を使う蒸しパンだけど、サツマイモを四角く切って一緒に蒸しちゃうのね。

雁屋　岸さんは電気パンというのはつくりませんでしたか。

岸　真ん中が穴あいてる方？

雁屋　板を立てるの。

岸　板は知らない。

雁屋　こういう、ちょうど弁当箱を組み立てるような形に四枚、板を組み立てるんです。その底に電熱が入っていて、そこにとろみをつけた水で溶いたメリケン粉を流し込むの。その中に当然サツマイモなんかが入ってるんですよ。それを電熱で焼くの。焼き上がったら、その板をポン、ポンと外して。

岸　オーブントースターの原型みたいなものね。

雁屋　いや、そんなんじゃないですよ。でもパンの形になってるんですよ、ちゃんと。決しておいしいもんじゃなかったですね、イモとメリケン粉。終戦直後でしたかね。

岸　知らないなあ。あの頃流行ったのは、まるいので真ん中に穴があいていて、蓋《ふた》をしてパンを焼いたのね。

雁屋　うちの親父が東京に出張して、「ジャーマンベーカリー」の真四角の食パンを持ってきたことがある。でも東京から九州まで運んできたわけで、もはや新鮮ではないんですよ。

岸　あの頃、二日ぐらいかかったものね。

雁屋　それでも切ると真っ白。真っ白のパンなんてそれまで見たことがなかった。まあ、なんちゅううまいもんがあるんだ、と思いました。ただの食パンですよ。ただ、そのときは食パンなんてものを食べる機会がなかったわけだから、それはおいしかったですよ。

岸　お砂糖か何かをつけて食べたんじゃない？
雁屋　いや、バターもあったんですよ。
岸　バターがあった。それはすごいわ。じゃあ極楽よ。
雁屋　それから驚いたのは、レバーペーストを持ってきたの。でも、レバーペーストとかチーズというのは、その頃においが強すぎて僕たちは食べられなかった。それにしても、あの頃はなんでもかんでもつくってましたね。飴《あめ》なんて自分のうちでつくった、イモ飴を。
岸　どぶろくをつくったりね。うちはつくらなかったけど。
雁屋　ガムだってつくったしね。メリケン粉を両手に持って水をたらたらたらしながら、そこでどんどん揉《も》んでいく。そうすると、小麦粉の澱粉《でんぷん》は流れて、中にグルテンだけが残る。それをクチャクチャ噛むわけだ。当時はガムもろくになくて、進駐軍にヘイ、なんて言われてガムをもらって噛んでたわけです。それを見て、親父がかわいそうだと言ってつくってくれた。どうしてそんなこと知ってたんだろうなあ。
岸　それはつまり生麩《なまふ》よ。生麩っていうのは小麦粉のたんぱく質グルテンだから。
雁屋　それから、穂についたままの青い麦ごとガリガリかじってくちゃくちゃ噛んだこともある。
岸　口の中痛くない？　とげがあるんじゃない？

くにゃ
くにゃ
くにゃ
!

おおっ!! これだ、これだよっ!!

親父が作ってくれた、代用ガムだっ!!

ええっ!?

メリケン粉をねったと言うのは、副部長の錯覚です。

実際はこうして、水を流しながらもんだんですよ。

それはどういうことなんだ!?

メリケン粉、つまり、小麦粉の成分は、デンプンとタンパク質です。

水をかけながらもんでやると、デンプンは水に溶けて流れ出してしまいます。

しかし、タンパク質、つまり、グルテンは固まって、溶けずに手の中に残るんです。

生麩を食べて、その感触で思い出したんだよ、生麩もグルテンだ。

副部長が言っていた、メリケン粉から作ったガムというのは、生麩と同じものに違いないとね。

クチュ
クチュ
試してみますか?


『美味しんぼ』17巻第3話「代用ガム」より

雁屋　いや、うまく噛んでるとそのうちにグルテンが僅かに残る。いやぁ、それがうまいというわけではないんですよ。ただ、記憶に残っているという。そんなことを言えば、スカンポだっておいしかったじゃない？

岸　そう、いま言おうと思った。みんなスカンポをかじってたね。

雁屋　木いちごとか桑の実とかグミね。

岸　水と同じで、やっぱり自然はおいしいのよ。

雁屋　木いちごっていうのはラズベリーのことでしょう。日本の木いちごの方がさっぱりしておいしいですね。

岸　みんな手が真っ赤になるまで摘んで。

雁屋　さくらんぼだって、普通の公園に咲いている木になるんですよね。

岸　ちっちゃいけどね。

雁屋　お腹をこわすから食べちゃいけないって禁止されてるのに食べちゃうんです。そうするとバレちゃうの、口のまわりが真っ青になっちゃうから。また食べたわねって母に怒られる。

岸　本当にあの頃は食べるものがなかったですものね。私は戦争中の思い出だと、バターにお醤油をかけて、目をつぶって食べるとウニの味がしない？　とか（笑）。それから、りんごを擦りおろしてそこに牛乳を入れて、目をつぶって食べるとアップルパイの味がする、とか。そういう食べられないものに憧れてましたよ。

一番最初にうまいと思ったものは?

雁屋　ではちょっと視点を変えて、「一番最初にうまいなあと思ったもの」を話し合いましょう。

岸　私は、「富士アイス」ね。焼き立てのアップルパイにアイスクリームを乗せて、パイ・ア・ラ・モード。鎌倉の駅を降りていったところと、あとは銀座の教文館の地下にありました。

雁屋　それはうまいだろうな。「富士アイス」っていうのはもともとどこにあったんですか。

岸　教文館の地下だったの、昔は。いまは、なくなっちゃったね。戦後、有楽町の駅の近所に富士アイスはあったのよ。それもなくなっちゃったわね。消滅しちゃったんじゃない。ああ、こんなおいしいものがあるのかと思った。それから父の職場でもあったんだけど、金沢八景、追浜《おっぱま》でパイスケっていうんだけど、丸太ん棒に竹で網んだ平たいカゴをぶら下げてカニとかシャコを売りに来るおじさんがいた。

雁屋　ああ、肩に担いでね。

岸　そう。それをお醤油とお砂糖とみりん、お酒も入れてガーッと煮て食べましたね。おいしかった記憶がある。

雁屋　それはいつの時代ですか。
岸　戦前です。
雁屋　僕は、中国でさんざしの実を竹の串にさして、まわりに砂糖衣をつけたものを、たしか汽車の窓から買って食べた記憶があるんです。ところがそれを両親に言っても、そんなものはなかったと言うの。それなのに、数年前、北京に行ったらもろに売ってるんですよ。
岸　砂糖衣っていうのはどういうの？　石衣みたいな。
雁屋　そうそう、透き通った砂糖衣。真っ赤なさんざしの実を六個ぐらい串にさしてある。「これだよ、どうしてうちの両親はないなんて言ったんだろう」と思った。
岸　ご両親は召し上がらなかったんじゃない？
雁屋　三歳か四歳のことですけどね。また、昔の話に戻るけど、映画を観に行くでしょう。中で売ってましたよね、おせんにキャラメル。「アイスマック」って覚えてます？　長細い円筒形の紙で包んであるの。
岸　覚えてない。アイスキャンデーじゃないの？
雁屋　違うの。棒状の、くるっと回して紙を剥《は》がしていくと、中にチョコレートでコーティングされた硬いアイスクリームが入ってる。
岸　チョコレートでコーティングしたのは食べたことある。でも、私は大人になってからよ。

雁屋　僕は子どもでしたね。それはなくなっちゃった。

岸　だって、映画館で、おせんにキャラメルなんて売ってないしね。でも貧しかった時代の食べ物は、ほんとうに記憶に残っているのよね。考えてみると不思議よね。

雁屋　それはやはり、食べ物と人間の心の間には非常に密接な関係があるんでしょう。貧しいときに食べておいしかったものというのは、ほんとに心に響いて残るんですよね。いっぽうでいまのように贅沢して高級なものを食べて、「おいしかった、おいしかった」と思ったところで、「ああ食べたわ」というぐらいで、自分の存在にかかわることはない。ところが、貧しいときというのは、食べることで精一杯だから、心を震わせるぐらいの力を持っている。

岸　そうね、舌の根っこに残っているのよ。

雁屋　そうですよね。僕は贅沢なものをいろいろ食べてますけど、それが思い出に残るかというと、なかなかそうは行きませんよね。「ああ、あれは食べたよ、それも食べたよ」というぐらいで、思い出に残るというか、自分の人生に深くかかわるということはない。やっぱりそういうのが食の本質じゃないかなあ。

だから、ここで岸さんと美食談義をしようとか、おいしい食材を取り上げてどうのこうの言い合うつもりはないんです。「人はなぜものを食べるのか」という本質の議論をしたいと思っています。

コラム………雁屋 哲

貧乏時代の救世主・サツマイモ

私も、『美味しんぼ』などという漫画を二十年以上にわたって書き続けて、あれがうまいのこれがうまいの、これは駄目であれはもっと駄目で、などとえらそうなことを書いてきたのだが、それはすべて私の感性をもとにしたもので、不思議なことに私は自分の感性をもとにして書いたものに対して文句を言われても、全く身に応えない。

たとえば科学論文の中に間違いがあったとしたら、それで一巻のおしまい。書いた人間は立ち上がることはほとんど不可能だろう。ところが食べ物となると融通無碍《ゆうづうむげ》、一つの間違いは次の回の話の種にすればよいし、あんたが嫌いと言ったって私が好きなんだから仕方がないだろう、その逆もしかり、というわけで実にいい加減なすばらしい世界。おかげで、こんなにのんびり生き続けることができましたというわけですのじゃ。

とはいえ、あれこれうまいものを食べてきたことは確かなので、岸さんとの対談の中で話した以外にも、記憶に残る食べ物はたくさんある。

しかし、こういう場合、おっそろしく高価で高級な食べ物の思い出を語るより、とても食生活が貧しかった頃のことを書きたくなるのはどういうわけなのだろう。

世の中に貧乏自慢ということがある。昔、自分はこんな貧乏な生活をしていたと、こと細やかに語る。いかに貧乏だったか、自分で自分の貧乏だったことに感動して、涙さえ浮かべて語る。

そして、ほーっと溜《た》め息《いき》をついて、そんな貧乏だった私もこうして人並みの（こういう場合、人並み以上の生活をしている人であることが圧倒的に多い）生活ができるようになりましたんや、と鼻の穴を膨《ふく》らませる。聞かされる方はゴキブリに頬《ほお》ずりされたような厭《いや》な気持ちがするものである。

そんなことを言っておいて何ですが、私は日本の戦後の何も物のない時代を生きてきたので、ついその時代のことを話したがる。だが、あの時代、特別な人を除いてみんな貧乏だったのだから、私自身の貧乏自慢というわけではない。

私の記憶の中に、どかんと巨大な岩石のように居座っている味の思い出は、なんと言ってもサツマイモだ。もう、このサツマイモが日本国中を制圧したことと来たら凄まじいもので、単にイモと言えばサツマイモのこと、ジャガイモやサトイモは、イモの上に「ジャガ」とか「サト」とか特別な接頭語を付けなければならないような時代が長く続いたのである。

サツマイモがなかったら戦後日本人は生き延びることができなかっただろうと断言できるほど、我々はサツマイモにお世話になった。お世話になり過ぎたせいで、日本人はサツマイモを疎《うと》んずる嫌いがある。

小学校の三年か四年の時に同級生に綺麗《きれい》な女の子がいた。単に綺麗というのではなく、清楚《せいそ》で気品があって、しかも何か事があったら絶対に守ってやろうと思わせる雰囲気があった。

私は自分のことを親指姫に懸想《けそう》した醜いガマガエルのように思いながら、その女の子に思いを寄せていたのである。

そんなある日の昼休み、みんなが遊んで騒いでいる時にその女の子が、不意と裏庭の方へ行った。私は気になって何気ない風を装って女の子の後を追った。女の子はプール際に行った。女の子には弟がいることを私は知っていたが、そこに待っていたのはその弟だった。

弟は新聞紙の包みを持っており、女の子が来るのを見ると新聞紙を開いた。中から出てきたのは蒸《ふ》かしたサツマイモだった。女の子と弟は人目を避け、一つのサツマイモを半分に割って、慌てて呑み込むようにしてサツマイモを食べた。清楚で気品があってたおやかなあの女の子が、サツマイモをがつがつと食べたのである。

その女の子はすぐに転校してしまい、情けないことにもはや名前すら思い出せない。思い出せるのは、清楚な顔立ちとプールの裏で呑み込むようにしてサツマイモを食べていた時のあの女の子の姿だけだ。

自分で食べたわけではないが、その女の子の食べたサツマイモの味は、思い浮かべることができて、それが私の記憶から剝がれない。これも、味の記憶であろうか。

コラム………岸　朝子

生まれてはじめての「買い食いの味」

人間の記憶は何歳ぐらいから始まるのだろう。記憶に残る食べ物を思い出そうと糸をたぐり寄せてみたものの、幼稚園に入る前、四歳か五歳のころしか思い出せない。三歳違いの姉と二人で「もんじゃ焼き」を食べた。それも父が牡蠣の養殖場としていた当時の海軍の追浜飛行場近くの別荘だった。母やお手伝いさんの目をぬすんで姉と二人、近くの山陰に出かけた。そこには昼過ぎからリヤカーをひいたおじさんが店を開く。店といっても茣《ご》蓙《ざ》を広げ、七厘《しちりん》に炭をおこして鉄板をのせ、水溶きの小麦粉を流して焼くものだ。一銭か二銭、握り締めた銅貨の汗ばんだ感覚だけが残っている。カナカナ蟬《ぜみ》がなく夏の終わりのころの思い出だ。

生まれてはじめての買い食いだが、口の端にあんこをつけていたらしく、母に見つかってひどく叱られた。もんじゃ焼きといっても東京は築地のもんじゃ焼き横丁で食べられる豊富なメニューではなく、あんこ巻きだったに違いない。長じてというより、仕事をはじめてから取材で浅草の「染太郎」に出かけた。合挽肉、桜えび、卵、キャベツ、焼きそばが入っていた。もんじゃ焼きよりは小麦粉をといたタネが固かったように覚えている。タネに具を混ぜて焼くもんじゃ焼きは関東のものだが、大阪から出店している「ぼてじゅう」のお好み焼きは名前どおりのぼったりしたタネで、一回行ったきり。関西ではタネをぼったという。

私がはまってしまったのは、広島風お好み焼きだ。女学校時代のクラス会が友人の家で開かれ、ご主人の転勤先であった広島で覚えたというお好み焼きをはじめて味わった。薄くといたタネをたらたら流し入れ、豚バラ肉の薄切り、ねぎなどを順にのせ、せん切りキャベツを山のようにのせて粉がつおを振り、卵を割り入れてぱっととひっくり返す。青のりと紅しょうがのせん切りをのせ、こってり味のソースをかけて食べた。十年ほど前、テレビ収録のために毎月広島に出かけることになり、お好み焼きのあの店、この店と食べ歩いた。肉も牛肉であったり、えびやいかが入ったりと豪華なものもあった。そばを入れるのは決まりだが、餅を入れたりもする。娘の友だちであるオーストラリア人の大学教授夫妻が、交換教授として一年間の滞在を終えるころ広島に行きたいという。案内はできなかったが、とにかくお好み焼きだけは「ぜひ召し上がれ」と教えた。店の名前は教えていなかったので心配していたが、帰京後お会いすると「ワンダフル」の連発。どこにしようか迷ったが、食べ終えて出てくる人たちがとても幸せな笑顔をしている店に入ったとのこと。賢い選択だ。私は「おいしいものは人を幸せにする」と信じているので嬉しかった。

初体験で感激したものがまだある。ひつまぶし。二十年ほど前の話だが、知り合いのカメラマンが大阪で食べたという。はじめて耳にする料理名である。

その後、東京は赤坂見附の日本料理店で、ひつまぶしに出会った。丸いおひつに入ったうな重は、確かに蒲焼きが二段入っている。最初は蒲焼きで酒を飲み、次にご飯と蒲焼き、さらに添えてある刻みのりとあさつきを薬味にし、最後はわさびにだしをかけ、茶漬けにするといった趣向で、一品で三通りの味になる。これがそうかと思った程度。

ところが広島に行ったとき、名古屋から転勤してきた広告代理店の部長から「名古屋に行ったらぜひ食べてみてください」とすすめられたのが、なんと「いば昇」のひつまぶし。名古屋最大の繁華街である錦のビルの谷間に建つ木造の一軒家、創業は明治四十二年の店。歩くときしむ廊下を渡った座敷で食べたひつまぶしは、蒲焼きが香ばしくかりっとした歯ざわりでおいしかった。

もう一軒、ひつまぶしには商標登録をしてあるという「蓬莱《ほうらい》陣屋」。近くに花柳界があり、うな丼の注文を受けて出前をしたが、戻ってくるどんぶりが割れてる場合が多かった。古くからいた女中頭が「割れないおひつにしたら」とアドバイス。器を蓋つきの漆器にして蒲焼きを二段にして最後はだしをかけて茶漬けにするアイデアが評判となった。「まぶし」の語源はご飯をしゃもじでよそうとき、うなぎの回りにご飯粒がまぶさるからという。ちなみに割烹料理の古い歴史があるこの店では、焼きたての熱々をハウハウ言いながら食べる「うな玉」が絶品だ。

第1章

美味しんぼへの道のり

1　僕はなぜ『美味しんぼ』を始めたのか

食いもので失った金は食いもので取り返す

岸　あなたが『美味しんぼ』を始めた経緯はどういうことだったの？

雁屋　僕は漫画の原作を一九七四年の一月から本格的に始めたんです。『男組』や『野望の王国』といった暴力漫画を十年ぐらい書いてきて、ちょっと漫画は飽きたからやめようかなと思ったんですね。そこで妻に「僕、十年間稼いできたけど、一体どのぐらい金があるんだい」って聞いたら、一銭もないって言うんです。いま住んでいるこの家もローンがたくさんついていると。あんなに稼いだ金はどこへ行っちゃったんだって言ったら「哲ちゃんがみんな食べちゃった」って。それで、食いもので失った金は食いもので取り返さなきゃしょうがないと思って、『美味しんぼ』の第一回を書いてみたんですよ。どこに売るっていうあてもなく。ところが、書いてみて、こんなの売れっこないやと思って、そのまま引き出しの中にしまっちゃったの。

しばらくして、小学館の「ビッグコミックスピリッツ」の編集長が訪ねてきて、花咲アキラさんという漫画家が雑誌の新人賞に応募してきて新人コミック大賞をとったので、何か原作を書いてくれと頼んできた。

岸　何年頃？

雁屋　一九八三年ですね。でも僕はもう漫画をやめようと思っていたから、新しい筋書きを書く気力はない。そこで、「これ、やってみる?」って感じでたいして期待もせずに書き置いていたものを渡した。そうしたら、どういうことか、第一回目から人気が出て……。

岸　おもしろかった。時代の空気とも合ったのよね。

雁屋　最初の三年か四年ぐらいは、取材なんかしないで、それまで食べた記憶で書けたんです。でも四年も経ってくると、自分で取材しなきゃならなくなって、いまに至っているんです。まあ、大体、漫画なんていうのは、もともと社会的に全然認知されていなくて、僕なんか電通を辞めたら、不動産屋が部屋を貸してくれないんですよ。「商売なんですか」と聞くから「漫画の原作」って言っても誰も知らない。漫画には社会的信用度がまったくなかった時代でしたね。

物理学から広告屋に就職した理由

岸　あなた、大学は理科系だったわよね。

雁屋　大学は東大の教養学部でずっと駒場。駒場の基礎科学科というところで物理を勉強しました。僕の恩師は阿部龍蔵という固体物理学の泰斗《たいと》なんですが、あんな頭のいい人は見たことがない。阿部先生の授業で量子力学なんて聞いていると、知の魔法の絨緞《じゅうたん》に乗せられてるような感じで物理学がよくわかった気がするんです。ああなるほど、なるほどと思って、家に帰って自分で実際に考えてみると何もわかってないことがわかる。これは同級生がみんな言ってました。そのくらい頭が違いましたね。物理というのはこういう頭のいい人がやるものなんだ、僕みたいにただ物理に憧れている人間がやるようなもんじゃないんだ、と痛感しました。要するに、阿部先生の弟子である僕は自分に失望しちゃったわけです。

それと僕は俗物根性がすごく強い人間で、研究室に閉じこもっていられるような人間じゃない。もっと俗世間、というか生身の人間に関わる仕事がしたくなった。

物理学で統計力学というのがあるんです。空気の中に分子がたくさんあるでしょう。でも、全体の状況を知るためには、何千億もある空気の分子を一つずつ取り上げていったらキリがない。

だから、全部の動きを統計学的に取り扱おう、と考える。たとえば、この部屋の空気の状態とか、あるいは流れる流体だったら水の状態とかを物理学的に表示してつかもうという学問。僕は人間も社会もそうだと思うんですよね。

岸　そうね、人間の細胞もそうだし。

雁屋　社会全体の動きをつかむのに個々人一人ひとりの動きを見ていたんじゃだめだと思った。そうじゃなくて、社会全体を統計力学的に扱おう。何が人間を動かすかというと欲望でしょう。欲望を煽《あお》るのは何かというと広告でしょう。だから、僕は広告屋に入って人間の欲望をあやつる操作を勉強して、統計力学を広告と結びつけて「卑俗統計人類学」という新しい学問をつくってやろうと思った。

だけど、電通に入るっていったら、大学の先生たちはみんなびっくりしてましたよ。大体、就職するやつがいないんですよ。みんな大学院に行っちゃう。僕は就職するって言ったら、教授が喜んでね。「戸塚君、就職してくれるか。それなら、ソニーか、NHKの技術研究か、どっちかに行ってくれ。いままで寄こしてくれってさんざん言われてたけど、誰も行ってないから」「先生、すみません、僕は電通に行くんです」って言ったら、教授がびっくりしちゃって「キミ、何それは?」って言うから「広告屋です」。「何をするの」「広告です」「キミ、何を勉強したの」「物理学です」。

岸　まあ素敵!!　だからあなたの漫画には理論があって。

雁屋　当時、教務課に行ったら、「電通を受ける人なんていないよ」って。電通から来た書類どれでもいいから持っていって、と言われて、見たらコピーライター用だったので「僕、コピーライターじゃなくて社長になるんだから、一般用のをちょうだい」って言ったんです。「電通なんか受けるの?」」そういう時代でした。当時でも電通の名前はすごかったんだけど。

岸　電通には何年ぐらいいたの?

雁屋　三年九か月いました。

岸　ほぼ四年ね。三年いれば退職金は貰えるのよね。

雁屋　退職金は三十二万円。ところが、七二年十二月三十一日で辞めて、翌七三年六月に電通から電話がかかってきたんですよ、ボーナスを支払うから銀行口座を教えろって。えっ、僕は十二月で辞めたんだけどって言ったら、十二月までの働きのボーナスだって。それで三十六万円貰ったんですよ。いまだにその金額を覚えてる。ありがたかった。失業中に三十六万円、電通っていい会社だと思った。僕が辞めるときに社長が「戸塚君、いつでも戻って来いよ」と言って送り出してくれました。

でも辞めたあとは貧乏でしょう。そのどん底の失業中に女房と結婚したんです。横浜の四畳半と六畳のアパート暮らし。使い過ぎちゃいけないって、千円札一枚お財布に入れて買い物に行くんですよ。一日千円で食べる。当時、百円でサンマを六尾買えたことがあった。近くにいい魚屋があって、そこでブリとかマグロのいい刺身が入ると朝早く電話がかかってくるんですよ。そのときは何が何でも買いに行かなくちゃいけない。
　そんな貧しい生活をしてたから、七四年から漫画の原作が当たって突然お金が入るようになったら、あちこち食べ歩いて、食べ尽くして、それで十年でお金がなくなっちゃった。なにしろその十年間は、いい料理屋に行く。あるいは、いい食材を買ったり、取り寄せたりとか、そんなことをしてたわけですからね。

食品メーカーとの知られざる闘い

岸　そうすると『美味しんぼ』を始めてもう二十年以上になるわけね。いろいろあったと思うけど……。

雁屋　『美味しんぼ』の原作をやっていて、得したことは絶対ないな。むしろ顔を知られちゃったから、こっちは相手を知らないのに、向こうはこっちを知っている。そういうのはとってもやりづらいですね、一方通行で。それから、『美味しんぼ』は特に最初の頃、大量生産の食べ物についてよく批判をしたわけです。

岸　特に添加物の問題よね。

雁屋　そのたびにいろいろ揉めましたね。最初は、醤油《しょうゆ》の話を書いたんですね。「ある大メーカーの醤油」と書いたら、キッコーマンが、大メーカーっていったらうちしかないって。

岸　そうでしょうね（笑）。

雁屋　僕が言ったのは、いまの醤油は大豆を使ってない。大豆の油のしぼりカスを使っている。しかも、油をとるのに、昔は押してつぶしてとったでしょう。いまは溶媒《ようばい》といって化学的な薬品を通して大豆の油を全部抜いちゃうんですね。油を抜いた後の大豆のカスはネズミ色で、ほんとに大豆とは思えないような汚いものなんですよ。そんなもので醤油をつくってどうするんだ。おいしくないし、さらに腐敗防止のためにアルコールをちょっと添加してるでしょう。実は丸大豆でつくれば、ひとりでにアルコールができるからアルコールは添加しないで済むんですよ。そんなことを書いたら、すごかった、反論が。ギャンギャン言ってきた。

岸　よく無事だった。まあ戦中戦後は大豆が不足してたからね。

雁屋　醤油ってものはちゃんと丸の大豆からつくるものであって、それもちゃんと二夏は寝かせたものでなければ醤油とは言えないんだ。昔からの醤油のつくり方できちんとやって、と言うと、向こうは「醤油に必要なのは大豆のたんぱく質だけだからしぼりカス大豆で充分。丸大豆を使うと余計なアルコールが出るような弊害がある」とかいろいろ言ってくる。ところがあるテレ

『美味しんぼ』3巻第5話「醤油の神秘」より

ビ局を通して僕に文句をつけてきた翌日、新聞に「特別の日のために丸大豆醤油」って宣伝をぬけぬけと出してきた。これには僕も驚きました。

それから「丸大豆醤油」という市場ができちゃった。それまで丸大豆醤油なんてうたうこともなく、ただの醤油だったのが「特別の日のために丸大豆醤油」なんてちゃっかり売り出したわけです。いまやどこに行っても丸大豆醤油があるでしょう。そういうメーカーとの喧嘩があったわけ。

牛乳協会ともやった。それまでの牛乳は（いまでも大半はそうだけど）、高温殺菌でホモジナイズしてるでしょう。牛乳なんか、煮ても焼いても色が変わらない。肉だったら焼くと赤いのが茶色くなるからわかるけど、牛乳というのはどんな高熱をかけても白いものだから、熱を加えたってわからないんですよ。それで、「市場の大半を占める高温殺菌牛乳は牛乳ではない」と書いたら、牛乳協会から文句を言ってきた。それに対して、「牛乳はホモジナイズせず、低温で時間をかけて殺菌するのがあるべき姿で、外国ではみなそうしている。高温殺菌が普通なのは日本くらいだ」と反論する。牛乳協会は「高温殺菌は衛生的だ」と言っていたんだけど、そのうち、ふと気がついたら、低温殺菌牛乳っていうのをわざわざ売り出した。

岸　六十五度で殺菌するものね。

雁屋　いまは大手でも出してます。低温殺菌牛乳をみんなが飲むようになったからでしょう。と

あ、これ給食の牛乳だ。

牛乳は加熱殺菌しなければなりませんが、その温度が問題なのです。

パックの裏に書いてあるから、読んでください。

どれどれ……

ええと、120℃で2秒間……

ええっ120℃だって!? そんな高い温度で!!

水の沸騰点は100℃です、牛乳にそれ以上の熱を加えている訳です。

あのグラグラ煮えたぎった熱湯より、もっと熱してしまうのかねっ!!

それじゃ牛乳がどうにかなっちゃうわ。

その通り、たとえ2秒間でもそんな高熱を加えたら、変質するのは当然だ。

味も香りも落ちるのは当り前だ。

うちの牛乳は、63℃で30分間かけて殺菌しています。

殺菌の目的なら63℃以上で充分なんです。ただし、時間をたっぷりかけなければならない。

大メーカーはその時間をかけるのがイヤだから温度を高くするんです、63℃なら味も香りも損なわないのに。


『美味しんぼ』10巻第7話「牛乳ぎらい」より

にかくメーカーとのそういう争いっていうのはずいぶんありました。

化学調味料の何がおかしいのか

雁屋　一番ひどかったのは、某大新聞社ね。家庭欄かどこか忘れたけど、味の素に対して、僕に化学調味料の批判を書かせる。そしてその翌週、味の素に僕に対して反論を書かせる。要するに、味の素に後出しじゃんけんさせるわけですよ。僕にもう一回言わせろって書いたら、またそれに反論してくる。しまいにその新聞記者は僕に何と言ったと思います？「そんなことを言ったって、アミノ酸なんて自然界にどこにでもあるじゃないですか」って。こんなやつが大新聞社の記者を名乗るかと、あきれてしまった。化学調味料のアミノ酸と、自然界にあるアミノ酸を一緒にするばかがどこにあるんだ。

岸　だけどねえ、あれは化学調味料って名前が悪いの。女子栄養大学の上田フサさんを取材したときに「旨味調理料にしたら」って書いたの。そうしたら、旨味調味料協会になりましたよ。もう十五年ぐらい前。もともと味の素の発祥は、東大農学部の教授が昆布を拾ってつくったもので、いわゆるグルタミン酸ですよね。ところが、あなたがガンガン書いた頃、そして私が『栄養と料理』の編集長の頃に石油からつくったの。それで揉めたのよ、石油たんぱくからつくったというので。

雁屋　石油を合成してつくったら、どうしても彼らでもわからない微量なわけのわからないものが入ってくるんですって。で、その方法はやめて、発酵法に変えたんですよ。発酵法にしていまの大量生産ができるようになった。

僕が一番汚いっていうのは、さとうきびの青々とした写真を出して「さとうきびから味の素」なんて言うことですよ。さとうきびを絞って砂糖を取ったあとの、しぼりカスの汚いどろどろしたタール状のものを発酵させて味の素をつくるわけですよ。そのタール状の汚いものを見せずに、青々としたさとうきびを見せる。詐欺ですよ。昔は味の素をつくるのに小麦粉を大量に使ったそうで、味の素の工場へ行くと小麦が山のように積んであったって。その頃の味の素はおいしかったといいますけどね。ただね、化学調味料といっても、僕は全面的にいけないなんて言ってるわけじゃないんですよ。ほんとにちょっと使ったらわからないもの。

岸　わからないですよ、おいしくなるしね。

雁屋　ちょこっと入れるんだったらいいんですよ。舌が痺《しび》れるまで入れるからいけない。魯山人《ろさんじん》が書いてるでしょう。昔の味の素って赤い缶に入っていた。魯山人がやっていた星岡茶寮では、その赤い味の素の缶を一年間かけて一缶使い切るぐらいがちょうどいいって。ということは、大量に客が来る店で耳かきに一杯入れるか入れないか。

岸　すくうさじがほんとに耳かきの大きさだったのよ、昔は。

雁屋　いまはドバッと大さじで入れるんだもの。耳かきぐらいならわからない。中華料理で面白い話知ってます？　中国から有名な料理人が来たんですって。その料理人が大事そうに箱を抱えている。料理のときにそれを使って、終わると持って帰っちゃう。あれは何だ。あいつの料理はうまい、何だろうって、こっそり忍び込んでみたら味の素だったたって。だから、ほんのちょっとだったらわからない。だけど、大さじでがんと入れて、舌が痺れるまで使うのは問題だし、健康にも悪いだろうと思うんですよね。

まずいものは食べられない

雁屋　僕は『美味しんぼ』を書き始める前は、食べ物を食いに行ってまずいと必ず文句を言ったの。シェフとか支配人呼べって言って「なんだ、これは。まずい」といろいろ文句を言って、取りかえさせたりしてたんですよ。『美味しんぼ』を書くようになってそれができなくなっちゃった。だって、それをやったら、海原雄山を自分でやってるようなもんじゃないか。「あいつ、漫画でやってることをそのままやってる」と思われるのが嫌さに、それができなくなった。いまはどんなまずいものを出されても文句を言わない。いや、何度か言ったことあるけどね。ちょっとひどいんじゃない、とかは言うけど、昔みたいにはね。

岸　私は片づけるときに言う。「これ、だめよ」って、シェフとか店の人に小さな声で。だいたい残しちゃうわね。

雁屋　いまでも、何でだめなのかはちゃんと言いますけど、昔みたいにはできなくなっちゃった。

岸　ただ、テーブルに呼びつけると店の雰囲気を壊すわよ。

雁屋　僕は前はそれをやってたの。一人前二万も三万もとる高いステーキ屋で、ちゃんとレアに焼いてくれって頼んだのに、来たらミディアムレア。おまけにソースをかけるなって言ったのに、ソースをかけてきたから「ちょっと来て。僕はレアって頼んだでしょう。おまけに塩と胡椒《こしょう》で食べるからソースはかけないでくれって言ってるのに、かかってるじゃない。なんだこれ、だめ」「すいません」「すいませんじゃないよ」。

岸　取りかえて来なかったの？　ワインなんか取りかえてくれますよ。

雁屋　「僕はきみにちゃんと調理してって頼んだのに間違えたんだから取りかえてくれ」。ふるえ上がるんですよ。値段が高いからね。

岸　自分の責任になるんだ。

雁屋　自分の責任か店の責任か知らないけど、とにかくだめだと言って取りかえさせた。でもあるとき、担当編集者に言われたんですよ。編集者は作家をもてなさなきゃいけないんで、僕なんかも招《よ》ばれることがある。するとそのたんびに僕が怒るので、とうとう編集者が「先生、すみません。お金は会社が払いますから、お店は先生が選んでください」って。

で、ここなら大丈夫っていう赤坂の中華料理屋に行ったら、酔っ払い蟹《がに》の出来が悪かったので「ちょっと」って店の人間を呼んだら、その編集者「あー、今日もだめだ」て悲鳴をあげるんですよね。あっいけねえ、傷つけてるのかなって。だけど、まずいものは食べられない。まずいものをうっかり食っちゃって、あいつはあれでいいのかって次も同じのを出されたらたまらないもんね。

『美味しんぼ』をやり始めたらそれができなくなった。で、まずい時どうするかというと、食べないで帰る。それしかない。ある週刊誌に「人に教えたくない店」として紹介されていた料理屋に行ったんですよ。ハコフグを味噌味で焼くとか、いろんな料理がすごくおいしいと。おい、行こうぜって、僕と姉と甥《おい》っ子と五、六人で行って、寿司を頼んだら、水槽に泳いでいたイカを出してきた。一口食べたらプラスチックみたい、味も何にもない。で、僕は「あっ、いけねえ、僕仕事があったんだ、帰らなきゃいけない、申し訳ない、帰るわ」って、慌ててダダーッと出ちゃった。姉に勘定を任せたら、「あの親父、怒ってすごい金を取ったわよ」って（笑）。だめなんですよ。我慢できなくなっちゃうんです。これを食ったらだめだなと思ったら。いまだに姉に文句を言われますよ。一緒に食べに行くと「また何か用を思い出さないでよね」って（笑）。

岸　でも、私はこの値段だからこの程度、この値段にしてはいいわ、っていうふうな解釈の仕方もしますよ。たしかに、お金を返せって言いたい味もあるけどね。

雁屋　千円の寿司ならそうだろうけど、三万円のステーキでこんなものを出すなんてふざけるなってことですよね。

でもね、漫画の原作にくらべれば、僕は食べ物の随筆を書くとか、料理の評論をするというのは、楽だなあと思うんですよ。あれ食べておいしかった、これを食べておいしかったと書くわけでしょ。僕はそれだけじゃだめなんですよね。その食い物にからめてお話をつくらなきゃいけない。それが大変なんです。せっかくおいしいものを食べたあとで話をつくらなきゃならないかと思うと、本当げんなりしちゃうの。今回も長崎に取材に行って、いろんなものを食べたんですけど、食べながら、これはどういう漫画にするか。編集者や、取材に協力してくれるライターさんたちが心配するのね。「雁屋さん、これどうやって漫画にするんですか」って。まあその作業をずっと二十何年続けてきたわけだから、何とかするんだろうなとは思いますけどね。

僕は『美味しんぼ』はお涙ものでかまわない、と思ってるんです。読み切り形式の人情ばなしが基本。読んだあと、読者に楽しかったというか、ほっとする気分を与えたい。漫画を読んだあとに不愉快になったらつまらないですからね。

2　私はなぜ料理記者になったのか

「料理が好きな家庭婦人求む」

雁屋　岸さんは三十二歳のときに主婦の友社の「料理が好きな家庭婦人求む」というのに応募して、料理記者としてスタートしたわけですよね。料理記者は岸さんが草分けと言っていいんですか？

岸　いいえ、私以前にも主婦の友社にはいたわよ。料理記者なんていうのは、記者は記者でも「三輪車」とか「鍋釜記者」って言われたけどね。

雁屋　そもそも料理記者という職業は、どうして生まれたんですかね？

岸　昭和三十年代に日本の経済が復興してきたことで、みんなが料理に関心を持ち始めたのね。料理教室は夜学もやるぐらい繁盛していたんですよ。田村魚菜さんなんかが代表的ね。それが、四十年代中頃になったら、だんだんなくなって、料理教室もサロン風になって、できたものをみんなでおいしく食べるというかたちに変わってきた。

雁屋　魚菜学園には、うちの母も行ってましたよ。

岸　ただあそこは、東横線沿線の奥様方に、旦那様の羽織の着せ方まで指導しているっていうので、婦人記者連中は怒ってた。家庭の主婦に料亭のサービスの仕方を教えてるって。

雁屋　あの頃は料理の本はあったんですか。

岸　ありましたよ。私は昭和十六年、女学校の卒業祝いに、ＮＨＫの『きょうの料理』を父からもらいましたよ。あの頃はラジオだけで、テレビじゃなかったの。

雁屋　ああ、ラジオでやってたんだ。

岸　テレビは昭和三十年ぐらいかな。

雁屋　岸さんが扱う料理は家庭向けで、料理人向けではないですよね。

岸　はじめが主婦の友社だもの。主婦にわかりやすいやり方。そのもっと前、私が入った女子栄養学園を始めた香川綾さんがなさったのは、料理を計量化することね。うちの母も言っていたけど、大正時代の料理は「ほどほどにお野菜が柔かくなったらお醤油をたらたらとたらして」ぐらいのことしかなかった。香川綾先生は女医さんだから、料理教室で習ったそうした曖昧《あいまい》な要素を東大の実験室で全部数値化した。ストップウオッチで時間を測ったり、フラスコで調味料の量を計ったりして。それが『栄養と料理』という雑誌の基礎になったのね。

雁屋　食品成分表を出しているのが、女子栄養大学ですよね。

岸　もとは科学技術庁なんです。いまはあちこちで出しているけど。

雁屋　ぼくはその第一版を見たけど、貧相なものですね。それと、当時に比べると、いまは野菜の栄養価がすごく違うのね。ものによってはビタミンが四分の一とか五分の一になってしまっている。

岸　トマトなんかはほんとに違ってます。

雁屋　ああいうのは怖くなっちゃいますね。僕らが子どもの頃食べたトマトは、ほんとにうまかったんだけど。

岸　いまはサンドイッチに入れて形が崩れないトマトとか、便利な方に流れてるのよ。

雁屋　そういうことなのか、味じゃないんだ。

入社試験は献立作成だった

岸　そうして昭和三十年代に料理教室がさかんになって、私たちが採用されたわけよ。一次試験には三百五十人ぐらい来た、と言われてましたね。主婦の友社の講堂が一杯だったから。その中から七人採用になった。試験は献立作成でしたね。サラリーマン家庭の献立と、労働者家庭の献立。肉体労働の人っていうから、私は大工さんにしたんだけど。三つ目が子だくさん家庭の献立。三つの献立を午前中の二時間か三時間で立てて、朝昼晩のつくり方をざっと書くという試験でした。みんな参考書とかをいっぱい持ってきてたけど、私は鉛筆と消しゴムしか持っていかないで。

雁屋　それが入社試験？

岸　ほかに面接。何がよかったかといったら、岸さんの料理は細やかだったと後で言われました。たとえば天盛りに、木の芽で香りを添えるとか、針しょうがを乗せるとかね。嘘ばっかり書いたんだけど。大体、昭和三十年に主婦の友社に入ったとき、私は妊娠七か月だったんだから。受ける方も受ける方、採る方も採る方でね。新入社員の中には東大生が三人ぐらいいたかな。そうした連中と、私のような料理好きな家庭婦人のグループがいたんですけど、そのとき、みんな四月一日入社だから「私も四月から来ます」って言ったら「いいえ、あななはお産をしてから来てください」って。

雁屋　ああ、偉いなあ。ずいぶん余裕のある立派な会社ですねえ。

岸　そう、主婦の友社はすごいと思う。それで私は五月にお産をして、八月一日にほかの途中採用の人たちと三人か四人で入った。あわてて以前使ってたお手伝いさんを戻したんだけど、一週間ぐらいいいなかったのね。会社に入ったばっかりってお使いさんが多いじゃない？　先生のところに原稿を貰いに行くとき、麹町《こうじまち》で下りて窓の外から見ると、留守番してた小学校四年の娘がおむつをあてられないで悩んでたのよね。その話をしたら、「あのとき私はおむつが当てられないで、誰か来ないかと思ってた」って。涙が出るような話でしたよ。

雁屋　ご主人は全然反対じゃなかったんですね。

岸　だって、食べていかれない。子どもが三人いて、お腹にもいたでしょう。当時、私の初任給が一万一千円だったかな。大学出の男性は一万円だったけど、家庭婦人は一万一千円。経験給込みですよね、三十歳とかだから。あとの昇給は男の子の方がよかったけどね。実践してる人でないといい原稿は書けない、というのが主婦の友社の精神だった。

雁屋　でも、現実に書けるかどうかわからないじゃないですか。

岸　それは作文の実地試験があったもの。月曜日から土曜日まで六日間、朝会社に行くと、今日はこれをしてくださいって言われる。創業者の石川武美さんのお話をまとめるとか、写真を渡されてキャプションを書くとかね。縁側で子どもが勉強をしている写真には「縁側も使い方次第で子どもの勉強部屋に」みたいにまとめる。もっと面白いのは、今日は取材に行ってくださいと言われたとき。あなたは学校給食へ、あなたは会社の給食へ、それで私は子だくさんの家にって言われたから、台湾から引き揚げてきて六人の子どもがいたおばの家に行った。日当、電車賃はくれるのよ。でも、それで一人か二人落とされてるの。何が悪かったのかというと、「学校給食、どこに行ったらいいですか、どうしたらいいですか」って聞いてきたというのね。

雁屋　取材力がなかった。

岸　そんなのは自分で考えて行きなさいっていうことでしょうね。最後は自分で料理をつくって原稿を書きました。

雁屋　それが試験？

岸　試験よ。六日間の試験がそれなの。

雁屋　あっ、六日間の試験！　すごい試験ですね。「子だくさんの家に行ってこい」も全部試験なんだ。

岸　でしょう。朝、何もわからないで会社に行く。まず料理をつくれと言われるのね。それで献立を午前中に出して、午後から料理をつくる。買い物は先輩の人がお財布を持っていて、神保町の交差点のところに富士屋ってスーパーがいまでもありますけど、そこで材料を買うと先輩がお金を払ってくれる。私はたとえば旦那が急にお客さんを連れてきたというような設定を考えると、ツナ缶と何かをぽとんぽとん落とす料理とかを考えて、原稿に書いて出す、というような試験だった。献立の筆記試験をパスした十人ぐらいに実地試験。それが月曜から土曜までの六日間。たしか土曜日は半ドンだから、午前中に料理をつくって、原稿も出すんだったと思う。

雁屋　それほど念入りにやるからには、当時、よほど仕事をしたい人がいたんですね。

岸　私ともう一人いましたね、軍人の妻というのが。ほかには学校の先生だったのが一人。一人だけ、家政学院かどこかの新卒がまぎれ込んでいたけど、あとはみんな家庭の主婦でした。

雁屋　すごい競争率ですよね。しかし、よく主婦がそうやって雑誌の記者になろうと思いましたね。

岸　まあ偶然ね。生活が大変でも、水商売と泥棒だけはやめようねって主人と話してたんだから。

雁屋　岸さんは学校が栄養学園だから、料理の方に行くのは自然の流れだったんですね。

岸　私は掲載する料理を家でつくってればいいと思ったのよ。試験のときの募集が「料理の好きな家庭婦人」だから。でも入ったら、毎日おいでっていうのでびっくりした。「あら、毎日？どうしよう」と思って、お手伝いさんを呼び戻したわけ。

子どもを生んで一人前、子どもを死なして本物

岸　原稿は足で書けってよく言われましたけどね。最初の一か月ぐらいは毎日日記を書かされて。それを部長に提出すると、部長が校正に回して、校正がアカを入れるわけ。それで、原稿の書き出しは一角落としとか、崩し字はいけませんとか。「今日は組合の新人歓迎会があって拍手

をもって迎えられました」と書いたら、組合は仕事ではありません、て怒られたりね。そういうことも知らなかったんだもの。もちろん、産休があるなんて思わないから、お産の後、一週間も寝ればすぐ出られますからって言った。

雁屋　その頃から産休があったんですか。

岸　ありましたよ。入って一年経ったころ、日記には企画案を必ず最後に書いて。私なんかだんだん慣れてくるとさぼったりもしたけど、昭和三十年に入って四十三年に辞めるまで丸十二年、この就業日記を書いてました。要するに、主婦の友はきっちり管理してたのね。でも、すごいことも言ってましたよ。「婦人記者は結婚して半人前、子どもを生んで一人前、子どもを死なして本物」って。

雁屋　ええっ。

岸　創業者の石川武美さんは、女二人、男一人のうち男の子を疫痢《えきり》かなんかで亡くしたのね。私なんかも本物よ、一人亡くしてるから。長女の次は男の子だったの、ひと晩で疫痢で。その頃、隣りの村で赤痢が流行っていたのを知らなかった。死んでから聞いたのね。私が栄養士の国家試験を受けに東京に行ってるときに、村の鎮守のお祭りで。主人も長女もすごい下痢をしたの。だけど普通のトイレはいけないから、海の端っこの方に穴を掘って捨てた。子どもは赤痢菌でやられちゃうのね、ほんとにひと晩。

雁屋　僕も疫痢になったんです、中国で。
岸　運よく助かったのね。でも、クロマイはなかったでしょう、あの頃。
雁屋　ほかの医者はただの下痢だって言ったんだけど、僕を診てくれた先生がこれは違うって言っていろんな検査をしてくれたらしい。当時の点滴っていうのは血管に入れないで、筋肉に直接入れちゃうんだって。
岸　痛かったでしょう。
雁屋　僕は覚えてないんだけど、母がそれをもみほぐしてもみほぐして、大変だったって。そんなことがあったものだから、母が生きている間は食い物にうるさかった。梨なんかも食べちゃだめって。噛んで甘い汁だけ吸ったら出しなさいって。
岸　ああ、カスはね、なるほど。
雁屋　梨は固いから食べちゃいけない。アイスキャンデーなんてもってのほか。その頃、アイスボンボンというのも出たんですよ。ゴム風船の中に人工甘味料で甘いアイスが入ってる。ゴム袋入りアイスキャンデーです。それをみんなは買ってもらうのに、うちだけは買ってもらえない。屋台で物を食うなんてとんでもないことだった、僕が疫痢になった、その恐怖症で。
岸　あなた、お医者様がよかった。でもいま、子どもをなくして本物なんて書いたら怒られちゃう。

雁屋　それは人生で一番たまらないことだろうな、子どもを失うのは。

岸　ほんとに骨をガリガリ削られる思いでしたね。香川綾先生に「子育てのコツは何ですか」って聞いたら「殺さないことだね」とおっしゃった。あの方、四人年子なんです。当時、疫痢になるのはざらだったからね。同じ赤痢菌でも、子どもの体質によって疫痢になっちゃうのね。

雁屋　つらい話になって申しわけございません。しかし、すごいことを言う社長ですね。自分自身の原則をもっていたということですね。偉い人だな。

3　私たちはなぜ「美味しんぼ」になったのか

姉がつくったカレーライスに激怒した親父

雁屋　僕は生まれてから四歳まで北京にいたから、わりと贅沢してたんですよ。ところが昭和二十年に帰ってきたら突然、食べるものがないという境遇になった。

岸　満州じゃなくて北京だったら、日本には帰りやすかったかしら？

雁屋　詳しくはわからないけど、北京から中国の船に乗るところまでは無蓋《むがい》車ですよ。船に乗ったところがどこかは、いまだにわからない。着いたのは先崎だそうです。上陸用舟艇かなんかで来たんでしょうね。船の中でみんな船酔いしてゲエゲエやってたけど、僕は酔わなかった。そのときの船の食事は大きな鍋にご飯を炊いたものでね、グリーンピースが入ったご飯だった。それがおいしくて、いまだに豆ご飯が大好き。

本当に贅沢《ぜいたく》なものを食えるようになったのは、昭和三十年過ぎですよねえ。東京オリンピックのあたりから急によくなりましたよ。ただ、その頃僕は学生でしたけど、東大の学生食堂なんてひどいもんでしたよ。あんなところで食ってたら人間がだめになると思って、渋谷まで出てビアホールでビールを飲んだりしてた。午後になって教室に戻ると、酒くさいって言われたけど、「酒飲んだんだから酒くさいのは当たり前だ」って威張ってた。

それまでは普通の家庭の食事だったと思うんだけど、ただ、うちの親父は食べることがすごく好きだった。自分でもつくったし。僕んちの家庭料理は結構本格的でしたね。

岸　お姉様がつくったカレーライスをお父様が投げつけたっていう話ですものね。

雁屋　「捨てろ！」って言ったんですよ、投げ捨てたわけじゃない。母は僕が十九のときに亡くなったので、それまで料理なんかしたこともない大学生だった姉がカレーライスをつくったら、すさまじくまずいものでね。親父は姉を溺愛していて、とにかく姉には何ひとつ逆らわない男だったのに、そのカレーのときだけは激怒して「こんなもの人間の食うもんじゃない、庭に捨てちまえ！」って言ったんですよね。そのときいたお手伝いさんが「旦那様、そんなこと言っちゃいけません」て、一生懸命なだめたっていう思い出がありますけどね。

飼っていた鶏を殺して食う、うまさ

雁屋　親父の料理でおいしかったのはいくつもありますけど、たとえば餃子ね。

岸　北京にいらしてたんですものね。

雁屋　うちではずっとチャオズって言ってましたよ。

岸　チャオズが本当なの。

雁屋　肩甲骨の下に骨が出るでしょう、これがチャオズの形をしてるから、僕と姉はチャオズの骨っていってました。

岸　ああ、そういえば、弓なりになって。

雁屋　チャオズはうちでは子どものときからつくっていて、いまでいうところの水餃子です。

岸　中国はほんとは水餃子なの。焼き餃子は余ったものを焼くのね。日本はみんな焼き餃子になっちゃったけど。

雁屋　あるとき、渋谷の恋文横丁で焼き餃子を食べて、びっくりしてね。こんなものがあるのかと思って。これチャオズじゃないか、焼いたんだって。それからうちでもしばらく焼き餃子が流行ったけど、結局、水餃子に戻りましたね。

それから、鶏の料理。うちは鶏を飼ってたんですよ。卵を生ませるために。そして、年に何回か虐殺の日が来るんです。お祖母さんと親父がやるんだけど、洗濯用の竿《さお》と柿の木の間に縄を張って、そこに鶏の足をさかさにぶら下げて、親父が片刃のカミソリでシュッと切る。血がシャーッと出る。それを一気にやって地面に血を出し切ったところに、脇でお祖母さんが竈《かまど》でグラグラに沸かしてるお鍋に入れる。

岸　毛をむしらないで？

雁屋　熱湯をくぐらせないと毛はむしれないんですよ。

岸　ああ、そう。知らなかった。

雁屋　お湯の中に入れると毛がむしりやすくなるので毛をむしって、それから調理に入る。捌《さば》いてね。

岸　何をなさるの？

雁屋　うちの親父は何でもやりましたけど、おいしかったのは、鶏皮と臓物の鍋。ネギを入れて、醤油で味をつける。それを食べながら、親父は日本酒を飲むんですよ。僕は小学校のときからそれを盗み酒してた。

その自分ちで殺した鶏の肉のうまさ。ところがうちの姉は気持ちが悪いって食べないのね。それをすごく偽善的だと思ったけどね。僕なんか喜んで食べましたね。

岸　でも、鶏をしめるのを見たから食べないっていう人、多いわよ、女の人なんか。

雁屋　しめるからいけない。あれは首を切ればいいんだ。うちの親父のやり方は合理的ですよ。片刃のカミソリだもんなあ。それでシャーッと切っちゃうんだもん。どこで覚えたんだろう。

岸　片刃のカミソリは床屋さんでしょう。

雁屋　いや、フェザーの片刃の安全カミソリですから。床屋のカミソリじゃなくて。

岸　鶏がいまみたいに安くなったのはアメリカからブロイラーが入ってきてからよね。昔は自分の家で飼ってるのをしめるぐらいでね。鶏肉も結構高かったですよ。

雁屋　その頃、うちで飼ってたのは白色レグホン。食肉用じゃなくて、卵を生ませるためのものだった。よその家に行くと食肉用の鶏がいて、羽根が茶色い。あれはうまいですね、やっぱり。食べて、味が違うなと思いましたよ。

岸　シャモ系ね。

雁屋　そう、シャモ系がおいしいの。

岸　このあいだ行った大山、鳥取の鶏は赤黒鶏っていうの。骨がちょっと黒かったり、毛が赤かったりする。その鶏はおいしかったです。なんでこんな名前にしたのって聞いたら、鳥取県だけでもいろんな種類が出てるから、特徴のある名前にしたって。

雁屋　昔は庭に鶏がいましたよね。

岸　だから、にわとりって言うの。

雁屋　数年前、台湾に行ったら、庭に鶏が放し飼いされていて、犬も猫もいるんだけど、鶏を襲わないのね。平気な顔して鶏がそのへんを歩いてる。取材に行った山の中の一軒の茶屋で昼めしをつくってもらって、じゃあ、晩めしもここでっていうことになった。僕はちょっと具合が悪くなって長椅子に寝ていたら、突然、裏庭でキキキーって声がした。それで、「あっ、今晩のおかずはあれだな」と思ったんだけど、案の定晩めしは、さっきまで庭を歩いていた鶏が丸煮になって出てきて、これがおいしいの。ただ、水炊きにしただけでね。日本だといまおいしい鶏がいないでしょう。

岸　エサが問題ね。あと、運動。地べたを歩くのが大事ね。

雁屋　地べたの草や虫を食べて。

岸　このごろは割とそれぞれの地域でいろいろやってます。徳島では阿波尾鶏っていう名前の鶏があって、それはどこかの地鶏とかけ合わせてるのね。それから、宮崎の日向鶏、秋田の比内地鶏が有名よね。いろいろありますけど、やはりシャモ系がおいしいわね。赤黒鶏もシャモ系なの。そういうふうに土地の名前で売るようになりましたね。昔より、それだけよくなったのよ。名古屋は名古屋コーチンが有名だったでしょう。だけど、ブロイラーが入ってきたときに、名古屋コーチンは値段が高いって売れなくなっちゃったのね。一時、育てるのをやめたけど、いままた高級志向で育てられていますね。私は食べ物は消費者が育てるものだと思う。

雁屋　それはいい言葉ですね。

親父の食いしんぼは筋金入り

岸　ところで、お父様が料理好きっていうのは、中国でいい生活してらしたから?

雁屋　ただ、うちの親父は極貧の出なんですよ。

岸　どこのご出身?

雁屋　埼玉県です。このあいだ、父親の妹にあたる叔母がかなり高齢なんですけど健在なので、親父のことを聞きにいったんです。そうしたら、埼玉県の花園村の極貧の出で、親父の父親、僕の祖父というのは、農家なんだけど田地田畑は持ってなくて、養蚕《ようさん》の技術を教えて歩いたり、あるいは繭《まゆ》の取引なんかをしていたらしい。だから、とても貧しかった。うちの父は高等小学校の頃から河原で砂利を分ける仕事をして、一日五厘とか貰っていたというんですよ。ところが村の篤志家が、この子は頭がいいから上の学校に行かせてやろうってお金を出してくれた。それで東京に出てきて、親戚の肉問屋で働きながら大学に通った。

岸　でも、隣の群馬が繭の産地だし、栃木は結城紬《つむぎ》とか織物の産地だから、そのへんを歩いていたということは、お祖父様はかなり知恵者だったんじゃないですか。

雁屋　そこらはよくわからないけど。ただ父は、肉屋で働きながら大学に通ったから、肉のことはすごく詳しい。それから叔母の話では、子どもの頃、河原で働いて貰ったお金を持って帰ると、祖母は「これはお前が働いたお金なんだからお前が使っていいよ」って言ったら、父は「それなら、僕はずっとあの店の餅菓子を食べたいと思っていた。それを買っていいか」と言って、餅菓子を買って食べた。それを見て、叔母はなんと大胆なお金の使い方をするんだろうと思ったと言うんですよ。小学校の何年生か知らないけど、その頃から実は父親もすごい食いしんぼ、食に興味があったんですね。

岸　大学は？

雁屋　法政大学。大学を卒業してから中国に渡って、中国の石炭会社で働いた。だから向こうではいい生活をしていたんですよ。

岸　でしょうね。

雁屋　向こうのうまいものをさんざん食っていたから、僕たちはよく引き揚げて来てから、「ああ、あれを食べさせたかった、カオヤオツー（拷鴨子）はうまかった」とかいう話を聞かされました。チャオズとかローピン（烙餅）とかは家でつくるんです。これがおいしくてねえ。そういう親父に育てられたから、僕も食いものにやたらと執着するようになった。

牡蠣の養殖を考案した父の教え

岸　そういう点では、私のところも父が料理にうるさかった。戦前のお嬢さんたちは、女学校を卒業したら、まず、お茶とお花、裁縫。それから、料理をやってお嫁に行くというのが、良妻賢母の時代の教育だったんです。いいお家にとついでいい奥さんになって子どもを持つのがよし、とされてた。そういう時代に、うちの父は「洗濯、掃除、裁縫は人に任せてもいい。だけど、料理は命にかかわるものだから、人任せにはできないし、また、人に指図ができないといけない」と言ってましたね。

雁屋　へえー。料理は人任せにしちゃいけないというのは立派な考えですね。

岸　そうですね。父の宮城新昌は沖縄の大宜味《おおぎみ》村の出身なんですが、いろいろあってアメリカで暮らしていた。でも留学なんてかっこいいもんじゃない。沖縄農林学校を出て、鹿児島高等農林、いわゆる専門学校を落ちてふらふらしてたら、学校の先生たちからハワイに行かないかと誘われて、沖縄県のハワイ移民のアシスタントでついて行ったんです。その後ハワイでみんなと別れて、自分はアメリカの西海岸へ行った。一九〇八年にはハウスボーイをやりながらワシントン園芸学校を卒業し、ワシントン州立大学水産学部のキンケード博士の助手として、牡蠣の勉強をしたのね。

父が二十二、三歳の頃、アメリカの東海岸の牡蠣は乱獲でほとんど食べ尽されちゃってたらしい。

雁屋　へえー、だって養殖じゃなかったんですか？

岸　あの頃は養殖なんてないの。その養殖を考案したのがうちの父なんです。ヨーロッパ流の、水田みたいにやる地まき式はありましたよ。父がやったのは垂下式といって、海底で育てていた牡蠣を海中に吊るして育てる方法。海を立体的に使うから、牡蠣の生育も早く、生産量が飛躍的に伸びたと言われてるのね。

雁屋　それはすごい。垂下式があったから日本の牡蠣の養殖って栄えたんですよ。

岸　そうですよ。そして、貧困のどん底にあった東北地方を救った側面もある。

雁屋　フランスでやる地まき式はだめなんですよね。

岸　あれはだめなの、泥に埋もれて。それで、壊滅状態のアメリカ東海岸の牡蠣を大陸横断させたんじゃ死んじゃうというので、日本の種牡蠣をアメリカに輸出しようということになった。いまでは、アメリカはじめオーストラリアやフランスにも日本の種牡蠣が輸出されて根付いていて、九〇％を占めているって。とくに一九六〇年代にフランスの牡蠣養殖業が絶滅に瀕した時、日本産の種牡蠣で救われたという話があります。父はそんな経歴の人だから、料理もできたし。

雁屋　それはうるさいでしょうね。牡蠣を養殖しようというのなら。

岸　このあいだ、シアトルとバンクーバー島のコレステ島というところへ行ったの。バンクーバーから船で二時間ぐらいのバンクーバー島へ行って、そこのナナイモというところから水上飛行機に乗って四十分ぐらい行く。コレステ島のオイスターマン、いわゆる牡蠣の漁師の家が五十軒ぐらいあるという島に行ったら、そこに「一九〇五年、ジョージ・ミヤギ、なんとかかんとか」と書いた碑が残っていた。それから垂下式というのは、筏《いかだ》を組んでやるんですけど、その方式がそのままいまでも行われているので、涙が出ちゃった。うわぁ、こんなところまで父は来たのかと思ったら。で、そこの種はもちろん日本の真牡蠣だというのね。

雁屋　シドニーの市場にあるオーシャンオイスターというのは、日本から来る船の底についてきた。ホタテ貝に種をつけるでしょう。

岸　それを考えたの。父の時代にはまだホタテを使わないで、牡蠣殻だった。初めに生の牡蠣を持っていったら、アメリカまで二週間ぐらいかかったから身は死んじゃったけど、種は生きていた。で、種牡蠣を送ろうということになった。でも長い航海だから、そのまま送るとくたびれる。そこで潮の満ち干きを利用して太陽にあてたりして鍛練する。海苔なんかも同じことするんだけど、そんな方法まで考えた。それが一九〇五年以前に始まってるのね。

雁屋　なるほど。そういう背景があるから、どうしても食べものには思い入れがあるんですね。

タコさんウインナーを編み出した姉

雁屋　そういえば、お姉様の尚道子さんも料理研究家であのタコさんウインナーの考案者なんですって？

岸　姉は尚という沖縄の王家に嫁に行ったの。姉の旦那、義兄は尚泰侯という、最後の王様の孫にあたる人。本妻の子じゃないから爵位はないけど。父がうるさかったから、母は結婚してから、姉は女学校出るとすぐ赤堀料理学校に通わされてお料理を勉強してるの。大正の頃にお料理学校に通う人なんて珍しかったでしょうね。

雁屋　やっぱり親の影響っていうのは強いですよね。

岸　ありますよね、食べることが好き。沖縄にソーセージではないんだけど、挽き肉でつくる肉かまぼこっていうのがメニューにあるのね。そういうのを母がつくったら、みんなが驚いてたって言ってましたね。

姉はなぜ料理研究家になったかといったら、昭和三十五年ごろ、東京都主催の第一回家庭料理コンクールで一位をとったんですよ。テーマは一人百円の夕食献立。アジの塩焼きと、豆腐ともやしのチャンプルをつくった。栄養のバランスもいいし、手早くできて、味がいいということで一位になった。そこでＮＨＫテレビで人気だった「きょうの料理」に出演するようになったんです。

「タコさんウインナー」は姉の次男が幼稚園に通っていたときのお弁当づくりから生まれたのね。当時のウインナーは色が赤かったんだけど、これの半分まで縦に切り目を入れて、フライパンで炒める。切れ目を入れた部分はくるりと丸まり、タコが踊っているように見える。食が細い子どもにも喜ばれて、あっという間に広まったようです。

雁屋　「料理だけは人任せにするな」というお父さんの精神は、お姉さんにも、岸さんにもちゃんと受け継がれたんですね。

女子栄養学園で学んだ思想

岸　そんなこともあって、私は女子栄養学園、いまの女子栄養大学に入った。ここは、香川昇三・綾夫妻が昭和八年につくった学校で、「病人をつくらないための食事の普及」が目標の学校だったんです。私はおいしい料理を習おうと思って入ったのに、昇三先生が医学博士で東大で講義をしていらした人でしたから、講義の内容も、栄養学から病態栄養、生化学、食品学、食品加工まで、本格的なものでしたね。

そのときの有機化学で、亀の子を教えてくださったのは東大にいた二國次郎先生という、アルファ澱粉の分子構造を解明した有名な人でしたし、食品学の芦田先生は東大から阪大に行って、名古屋大学の学長になった方。こうした偉い先生たちが、あそこに行くとおいしいものが食べられるということでいらしてたんですね。

学校では、午前中は人間の体と食べ物を勉強する。人間にはたんぱく質と何々が要るからこういう食べ方をしましょうと。たとえば、ほうれん草はビタミンが豊富だから体にいい。でも、毎日ほうれん草のおひたしを食べていてはつまらない。ほうれん草はグラタンにもなります、炒め物にもなります、ポタージュにもなります、という食べ方を学ぶわけね。午後は和・洋・華の料理を勉強した。何をどれだけ食べたらいいか、それをおいしく食べるためにはどうしたらいいか、という勉強が栄養学園の教育でした。

雁屋　基礎は栄養学なんですね。

岸　そう。戦前は「家長」という言葉があって、お父さんが出かけるときと帰ってきたときには必ず玄関に出て送り迎えたものだったのね。だから食卓でも、お父さんは刺身を食べていても、子どもたちは菜っ葉と油揚げの煮物ぐらいでご飯を食べていた。それを「お父さんだけ刺身にしないで、そのお金でサバを一尾買って、六切れにしてみんなのおかずにしましょう。そうすれば、家族みんなが良質のたんぱく質をとれます」というのが香川綾の精神だったの。

戦前の国民病といえば脚気と結核よね。脚気はビタミンB_1欠乏、結核のほうは良質たんぱく質やビタミンAなどが不足していて抵抗力がなかったから。どちらも栄養のバランスがよい食事をとれば防げる。特に脚気は江戸患いといわれて、穀類に片寄りすぎた食事が悪いということでした。そこで香川先生たちは栄養のバランスがとれた食生活を普及させるために、女子栄養学園をつくられたといわれてます。

コラム………岸 朝子

料理記者とはどんな仕事なのか

「料理記者という職業は昔からあったんですか」と若い新聞記者に聞かれた。テレビ朝日の番組「料理の鉄人」で味の審査員としてレギュラー出演しはじめたころだ。番組が始まる前、栄養学園の後輩でフランス菓子の業界で名をなしているパティシエの大山栄蔵さんから紹介され、鉄人候補者や審査員、助手などの相談をうけているうちに私も審査員になり、七十歳にして芸能界デビュー、と思ってもいなかった人生経験をした。収録が始まる直前、「岸さん、肩書きはなんといえばいいですか」と声をかけられ、咄嗟《とっさ》に出た言葉が「料理記者」だった。

二、三回出演したころ、平野雅章さんが「魯山人《ろさんじん》最後の弟子」となっていたので私も「記者歴四十年」にしてもらった。昭和三十（一九五五）年、家計の助けにと主婦の友社の編集者募集に応募し、運よく採用されてこれも人生設計になかった職業婦人として働くようになった。それから今年で満五十一年になる。

主婦の友社は大正五（一九一六）年に創立。婦人誌として戦争中も、講談社の『婦人倶楽部』と部数を争った『主婦の友』のほか、単行本の出版物も多く、私はその出版部に入って、家庭料理文庫の日本料理、西洋料理、中国料理の各基礎編を担当することになった。雑誌編集部でも出版部でも、レイアウトをする整理部、校正部などのほか記者は被服、料理、茶道、華道、建築、医学、育児などの担当部署があり、私は「料理が好きな家庭婦人求む」といった募集広告どおり、料理部の席につき料理書をつくることになった。料理記者誕生である。

新聞社で政治部、社会部の記者が胸を張っているように、皇室関係や有名人の取材や対談を担当する文化部などに比較すると、料理や被服はいくらか軽視されている時代だった。ある会合で、編集者と紹介された私に寄ってきたご婦人が料理記者と聞くと、席を替っていった経験もある。ひがみかもしれないが、鍋釜記者と呼ばれ、「鍋や釜がなくてどうやって生きていくのよ」と憤慨《ふんがい》したこともある。食べることは当たり前のことで、知識を必要としない時代だったのであろう。

戦争が終わって十年、戦中戦後の飢えの時代を生き残った人たちは、おなかが満たされるようになればおいしいものを求めるようになるのは当然のこと。まして食材も手に入らず満足な料理を食べずに育った若い人たちが、料理を覚えたいと望んだのも無理はない。料理教室は繁盛し、夜学まであった。主婦の友社にも料理教室が開かれ、新入社員の私たちも地方の講習会には、助手として参加。水道もガスもない公会堂の演壇で、ガスコンロやバケツに汲んだ水で実演したこともある。料理を覚えたいという人心をキャッチして、料理書を次々と出版した主婦の友社の企画力は素晴しいといまさらのように思う。

戦前からＮＨＫの「きょうの料理」はラジオで放送されていたのが、テレビで放映されるようになり、村上信夫、小野正吉、辻嘉一、陳建民などプロの料理人のほか江上トミ、飯田深雪、王馬熙純《おうまきじゅん》、辰巳浜子など、家庭婦人でもフランスやイギリス、アメリカなどで学んだ人たちや自宅で料理を教えている人たちが次々に登場。身内自慢になるようだが、姉の尚道子も公務員の妻の体験が生きた経済おかずやスピードおかずで評判となった。

その一品に、幼稚園児のお弁当に人気のタコウインナーがある。当時の赤いウインナーを半分に切り、一部を残して縦に庖丁目を八本入れて炒めるとくるりとまるまり、タコ踊りの状態になる。食の細い次男のために思いついた料理である。

さて、料理記者の仕事といえば、企画を立てることから始まり、先生を選び料理をつくっていただいて、撮影をする。つくり方を原稿にして入稿、校正、校了という仕事。右も左もわからないズブの素人がなんとか原稿を書けるようになり、一冊をまかされたのは入社三年後であった。辛かったといえば、百科事典の編集では徹夜が続き、仕事には理解があった夫がたまりかねて「社長に談判にいく」と言ったときくらい。「行ったところで無駄」とことなきを得たが、あっぷあっぷで溺《おぼ》れそうになってもそれを乗り越えると、次の波を待つようになる。主婦の友社時代の厳しい仕事が私をきたえてくれたのである。

コラム………雁屋 哲

漫画原作者とはどんな仕事なのか

私の職業は「漫画原作者」となっている。ときどき「あなたは『美味しんぼ』の原作者だそうですが、それでは以前に『美味しんぼ』という小説か何かを書いてあって、それをもとに漫画を作っているのですか」とたずねられることがある。

確かに、映画や演劇では「誰野誰兵衛」原作とあれば、すでに存在している「誰野誰兵衛」氏の小説なり何なりを脚色したものであることになっている。ところが、漫画の原作の場合、すでに漫画以外のものとしてでき上がっているものを、漫画にするのではない。毎回毎回、話の筋書きとせりふを書いて、映画で言えばシナリオに相当するものを漫画家に渡し、漫画家はそれをもとに漫画を描く。もちろん、私の場合『美味しんぼ』なんて小説などをすでに書いてあってそれをもとに『美味しんぼ』という漫画ができ上がるというわけではない。だから、「漫画の脚本家」とでも言えばわかりやすいだろうに、漫画界の習慣で、「漫画原作者」と言うのである。

漫画の世界に長い人の話などから推しはかると、昔は古今東西の有名な物語を漫画化したことがあって、その際に、たとえば「アレクサンドル・デュマ原作、モンテクリスト伯爵」などと、表記した。そのうちに古今東西の物語の種がなくなったか、あるいはもっと現代風のものが必要とされたのか、やはり漫画の物語を書く人間が必要になった。で、その人間の書いたものを、それまでの慣習から「原作」とし、物語を書く人間を「原作者」と呼ぶことになったのではないか。

私は昔から漫画が大好きで、手塚治虫を神のように崇め、自分も漫画家になりたいと思っていた。ところが、私は絵がひどく下手なのである。これではとても漫画家にはなれないと諦《あきら》めていた。

だから、初めて原作を書いて、それが漫画になって雑誌に掲載されたとき、こんなうまい話があっていいのだろうかと思った。自分では絵が描けないのに、漫画制作に携わることができる。しかも、私自身の発想をもとに漫画を作ることができるのである。

私が雁屋哲の筆名で最初に書いたのは『男組』という漫画で、絵は池上遼一さんが描いた。これで私は漫画の原作者と認められ、以来三十数年漫画の原作を書き続けているのだが、池上さんが仕上げてくれた『男組』の最初の回を見たときの、あの興奮はいまだに忘れられない。池上さんは漫画の歴史の中でも特上のさらに特上に位する希代の絵師だが、『男組』は回を追うごとにどんどん絵に凄みが出てきて、私は「おれの原作が、こんなすごい漫画になるのか」と震えるほどの快感を味わい続けた。

当時は、漫画ができ上がると、雑誌に掲載される以前に、最初に青刷りという試し刷り、次に白刷りという見本刷り、そして最後に雑誌に載るそのままの形のガラ刷り、の三種類を編集者が届けてくれた。私はその三種類の刷りが届くたびに、それぞれ最低六十回は読み返した。そして雑誌ができ上がって届くと、また数十回読み返す。何度読み返しても「おれの原作がこんなすごい漫画になった」という快感と興奮は収まることがなかった。

一度、そんな味を知ってしまうと、もうやめられない。しかも、当時の日本の漫画界は発展の途に差しかかったところ。私も連載を数本抱えて、全力疾走を続けた。漫画の世界には可能性が無限にある。人間について、あらゆること、森羅万象を描くことができる。漫画ほど強力な表現形式は他にないと思えるくらいだ。その上、大げさな仕掛けは必要がない。紙とペン、それさえあれば、宇宙をひっくり返すことだってできる。

私が大学で量子力学を学んだことを知ると「ええっ！　物理を勉強したのに漫画を書いているんですか」と驚く人が多いが、それは驚く人の料簡《りょうけん》が狭い。漫画の原作はどんな人間にでも書けるのだ。ただし、条件がある。どんな人間のどんな行為に対しても、深い好奇心を抱くこと。そして、何でも書きたいという、書きたがり屋であること。量子力学もその範囲内のことでしかないのである。

こんなことをしているうちに、気がつけば、うかうかと三十数年を過ごしてしまい、『美味しんぼ』の単行本も第百巻が目の前に迫ってきた。今となっては、梁塵《りょうじん》秘抄《ひしょう》の中の有名な歌の一節「遊びをせんとやうまれけむ」という文句が妙に身にしみる。

第2章

こんなものが「ごちそう」だった

1　銀しゃりを食べるのが夢だった

目玉焼きがごちそうだった

雁屋　最近のグルメブームについて考えてみましょうか？　岸さんはどう思います？

岸　昔は日本人は貧乏だったし、食べることにこだわるのは格好悪いということで、「武士は食わねど高楊枝《たかようじ》」と言ったりしましたよね。中国とかヨーロッパは、食べることを大事にしていたけど。

雁屋　でも日本の昔の雑誌を見ると、食べ物屋がたくさん出ていますよね。『豆腐百珍』なんて本格的な料理書が江戸時代に出ているし、大食い競争とかもあった。結構、日本人も昔から食い物に興味があったと思いますよ。

岸　そうねえ。でもそれは人間として当たり前じゃない？

雁屋　まあだけど、いまのブームはすごいですね。テレビの料理番組だって、毎日二、三局はやってるでしょう。そもそもいまみたいにみんながフランス料理だ、イタリア料理だってやたらめったら詳しくなったのはこの二十年ぐらいですよね。昔はただ「洋食」だったもの。

岸　いまから五十年前、昭和三十年に私が主婦の友社で初めて手がけた料理の本といえば、日本料理と西洋料理と中華料理の基礎の本。その中の『西洋料理の基礎』という本は、表紙が目玉焼きなのよ。

雁屋　目玉焼きがごちそうだったわけですね。

岸　うちでは父がアメリカに行ってたから食べてましたけど、普通の家ではなかったんでしょうね。

雁屋　卵自体が貴重品だった。桐の箱に卵を十個並べたのが病気見舞いだったんだから。滝田ゆうの漫画なんかを見ると、向島の土手にゆで卵屋が出ていてね。

岸　卵はゆで卵だったの、遠足のお弁当も。ただし、ご飯に卵をかけて食べましたね。

雁屋　僕は戦後だからなあ。非常に貧しくてねえ。卵かけご飯といっても、一個の卵を二人で分けるんですよ。僕だけ結核で寝てたから一人一個食べていいの。ほかのきょうだいは一個の卵をかきまぜて二人か三人で分ける。

岸　卵についてはエッセーで吉川英治が「五人きょうだいで、子どものとき、一個の卵を母がほぐしてみんなのお茶碗に分けてくれたのを食べた。それが卵かけご飯だった。僕は偉くなって卵一個を一人でかけて食べられるようになりたいと思った」と書いてるのね。

雁屋　いまの飽食の時代なんて、信じられないですね。でもそれにしては、日本人の体格はちっとも向上しませんね。

岸　身長は伸びています。十五歳で十センチ伸びた。体力はだめね。

雁屋　ワールド・ベースボール・クラシックがあったでしょう。日本と韓国の試合なんかを見ると、韓国の選手の方がひとまわりかふたまわり体が大きいんですよ。胸も厚いし。

岸　韓国は野菜の摂取量が倍よ。韓国料理の先生、ジョン・キョンファさんのキムチ漬けのツアーに取材で行ったことがあるんです、農家に一晩泊って。私たちは中流の農家だったけど、朝から野菜が七、八種類出てくるわけ。わかめをごま油で炒めてちょっと味つけたのとか、キムチは白菜のほか大根もあるし、きゅうりのオイキムチもあるしっていう感じで。それにご飯と味噌汁。卵焼きにはワケギが入っていておいしかった。トイレに行ったら、韓国のトイレって大きいんですよ、お風呂場と一緒で。そこの植木鉢にワケギが植わってて、さっきのワケギはここからとったのかって（笑）。お風呂場は大きいんですが、バスタブがなくてシャワーだけなのね。かわりに、一週間か二週間に一回アカスリの店に行くんですって。

それから、スープが違うじゃない。日本は昆布だしとか煮干だしでしょう。あっちは元スープっていって牛の骨なんですよ。冷めると煮こごるようなものを食べているから骨格も違う。戦前から、球技は朝鮮の人が強かった。私はバスケットが好きでよく見に行ってましたけど、大学に一人か二人はいましたね、韓国の人が。

よそゆきの食べ物だったステーキ

岸　昭和三十年代の我が家のごちそうといえば、お彼岸のちらし寿司。それから昭和三十年に主婦の友社に入ってから、夫が子どもたちもいっしょに連れていってくれたのは、田村町のステーキハウス。いまでも一軒残ってるけど、田村町はいまの西新橋ね。小さいグラスの赤ワインがついて五百円のステーキをごちそうしてくれたの。パンがついて、デザートはアイスクリーム。ビーフステーキでしたね。私の月給が一万一千円だったから、給料の五％。ラーメンが三十円の時代ですからね、ときどきしか行かなかったけど。

雁屋　僕が小学校を卒業したのが昭和三十一年なんですよ。その前、小学校の頃、あるとき親父が、「お前たちもちゃんとした西洋料理の食べ方を知らなくちゃいかん」と言って、ホテルのレストランでシャリアピンステーキを家族みんなが緊張してちぢこまって食べたことがありましたね。西洋式の本式のディナーテーブルに座って、ナイフとフォークを使わなくちゃいけない、しかもそばに給仕がいるでしょう。もう死ぬ思いでしたよ。いまとなってはいい思い出ですけど、そんなものでしたよ。

岸　うちではハンバーグステーキとかそういうのは、つくってましたけどね。

雁屋　その頃、もう肉は自由に食ってましたかね。

岸　食品成分表によると、昭和二十五年当時でひとり一日約八グラムしか食べてない。

雁屋　いつからグラムになったんでしたかね、ずっと百匁《もんめ》だったじゃないですか。

岸　私が主婦の友社で最初につくった本は匁。匁と一寸、二寸よ。それが昭和三十三年ぐらいに、香川綾先生とお茶の水の先生たちで単位を統一しようということになったわけ。その頃、イギリスのメートル法が制定されて、グラム表示になったんですよ。そこでまず学校の家庭科の先生たちによって教科書がグラム表示に変わったら、NHKがそれに従った。NHKが直したらその他もろもろの、新聞、雑誌関係も全部従いましたね。だから、料理書でも再版のときに、匁をグラムに直したり、一合を百八十ミリリットルにしたりで、大変でしたよ。

雁屋　一合にしても匁にしても、日本人の生活にちょうど合ってたんですよね。

岸　だから、永六輔さんがメートル法反対、尺貫法だってがんばってたでしょう。畳《たたみ》なんかはみんな尺貫法ですからね。

雁屋　体に合ってますからね。一貫目が三・七五キロで、その下が匁。でもいつの間にか、百匁が四百グラムになっちゃったんですよ。本当は百匁は三百七十五グラムなんだけど、それが面倒だというので。昔は肉は百匁って言って買ってましたね。

岸　買ってたわよ。三百七十五グラムなんか、滅多に食べられなかったけど。それと昭和三十年代に『主婦の友』でおかずっていうと、マトンだった。ラムじゃなくて、マトンよ。だから、みんなマトン嫌いになってしまったんだけど、その頃はオーストラリアから凍ってきたものを水でジャブジャブ洗って溶かしてたって。マトンにイワシにアジというのが経済おかずのテーマ。それからクジラ。あなたも小学校で食べたでしょう。

雁屋　クジラの竜田揚とか食べましたね。

岸　戦争中は鯨テキ（迎敵）っていったの。十二月八日は鯨テキの日なの。でも肉については昭和二十五年当時はひとり一日約八グラムだけど、いまは約八十グラムですから、十倍になってていますね。

ご飯に目の色を変えたころ

雁屋　そういう点では、戦後しばらく一番のごちそうだったのは、ご飯でしたよね。

岸　そうね。

雁屋　米のご飯でしたよ。よくどこへ行っても言われたのは「何もないけれども、ご飯だけはたくさんあるから、たくさん食べていってちょうだい」とね。

岸　うれしかったでしょう。

雁屋　うれしかったですよ。それから、僕の妻の母が言うんだけど、買い出しに行って出してくれたご飯をさっと握って、隠して子どもたちのために持って帰って食べさせたって。そのくらい、ご飯に目の色を変えたもんだったたって。

岸　台湾から引き揚げてきたおじは教育者だったんだけど、真っ白いご飯を食べたいだけ食べられるまでは生きていたいって。がんで死んじゃいましたけどね。「銀しゃり」って言いましたよね。真っ白い銀しゃりが食べたいっていうのが憧れだった。

雁屋　そう。だから、たまに銀しゃりを食べると、今日はご飯だって、それは大変でした。

岸　うちは昭和二十年代は千葉で牡蠣の養殖をしてて、家に帰るとき、カラス部隊といって、荷を担いでるおばさんたちが帰りの電車に乗っているのが見えるのね。アルミの弁当箱にぎっしりと白いご飯が詰まっていて、甘辛く煮た昆布の佃煮がそえてある。あれがおいしそうだなあと羨《うらや》ましかった。

雁屋　ほんとに銀しゃり、夢でしたものね。

岸　戦争中に田んぼや畑が荒れてしまったところへ持ってきて、外地からたくさんの人が帰ってきて人口が一遍に増えたでしょう。その頃、配給はカロリーで計算しているわけ。だから、昭和

二十二、三年頃、私が住んでいた千葉ではマーガリンが配給になりましたよ。お米は一人二合三勺ぐらいが戦後の配給量で、そのぶんのカロリーを小麦粉とかとうもろこしの粉で配給してくれたのね。

ところがマーガリンが配給されても、田舎の人はどうしていいかわからない。私が小麦粉でシュークリームをつくったら一挙に評判になっちゃって、結婚式にそれをつくってほしいなんて言われました。携帯用のオーブンを戦争中持って歩いていたから『栄養と料理』で習った小さいシュークリームのクリームを、一つは食紅で赤く、一つは白にして、紅白のシュークリームをつくったの。

雁屋　その頃シュークリームをつくるなんてものすごく洒落《しゃれ》てますよ。しかしマーガリンだけ配給したって、めちゃくちゃだなあ。あの頃のマーガリンてすごくまずかったですよね。

岸　私、マーガリン嫌い。それから、とうもろこしの粉なんてのも配給されたけど、やっぱり食べ方を知らないじゃない？　だから、小麦粉と混ぜてパンを焼いたりね。とうもろこしの粉を気長に練ってつくるポレンタなんて当時はないもの。ポレンタってイタリアに行って初めて知ったの。イタリアでは南の人が北の人をポレンタ野郎と言うんだって。北の方は小麦粉が少なくてとうもろこしの粉が多いから。

雁屋　僕が戦後の配給で忘れられないのは、スケトウダラとエイの煮こごり。

岸　知らない、そんなの。

雁屋　そうですか。エイの煮たやつ、煮こごりになってるんですよ。これはアンモニア臭くてまずかったですよお。醤油で味つけてあるんですけどね。

すいとん後遺症

雁屋　それから小麦粉といえば、僕たちが子どもの頃は、すいとんというのを食べた。

岸　そうそう、すいとん。小麦粉を水でといて湯の中にポトンポトンと落とす。

雁屋　その後遺症が僕にあるんですよ。おしるこをつくるとき、白玉粉とか焼き餅を入れたりするでしょう。僕は違う。小麦粉を水でといてとろとろにしたのを、おしるこの中にポタッポタッとたらす。これがすごく好きなの。

岸　固まる？

雁屋　固まりますよ。ふわふわっとしたいい感じになる。これは僕だけが好きなの。うちでおしることなると、僕だけそれをつくる。みんなは嫌がるけど、僕にはすごくおいしい。戦後の食糧難の後遺症でしょうね。

岸　すいとんは、いまや郷土食になってますね。群馬ではすいとんのひきちぎりとか。

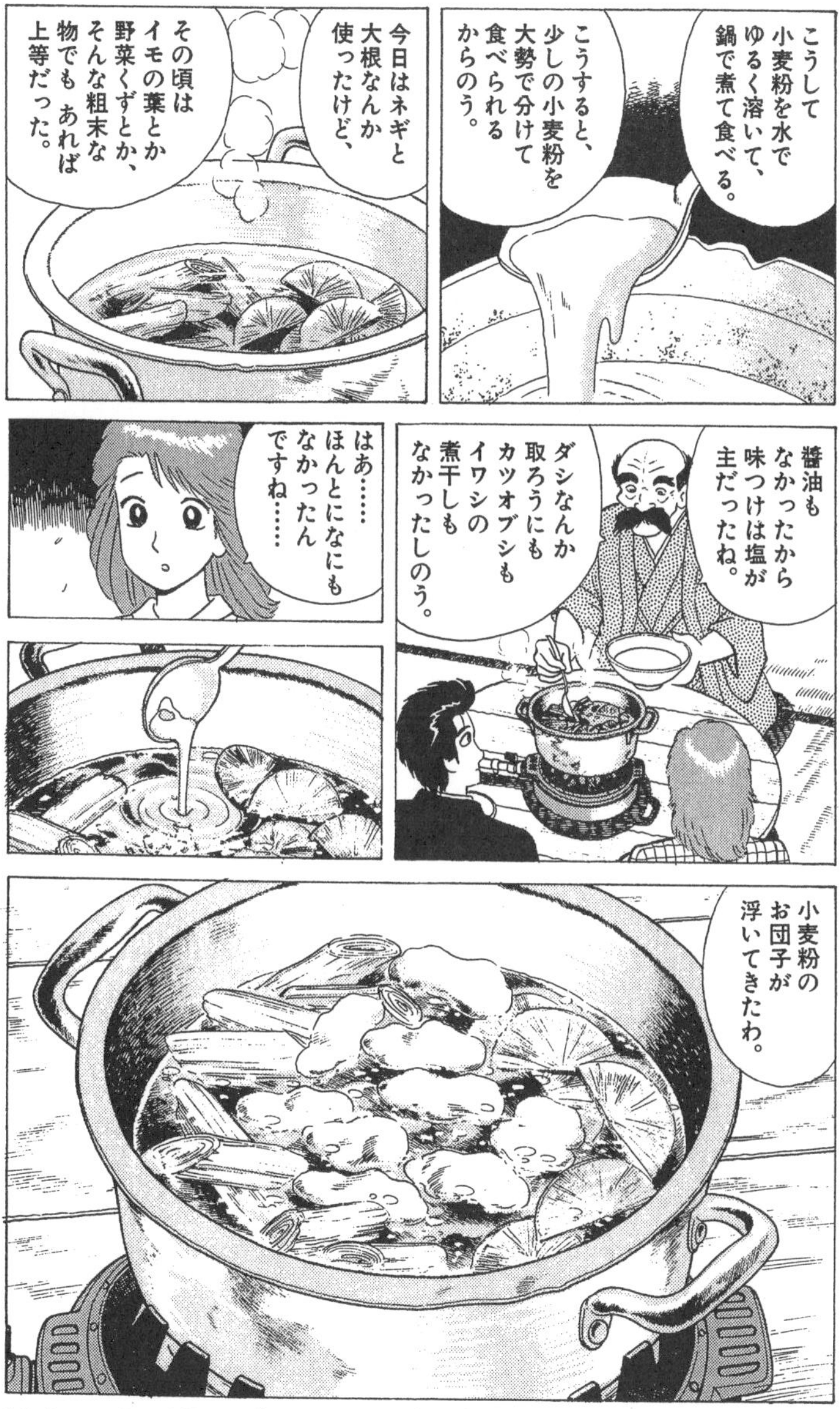
こうして
小麦粉を水で
ゆるく溶いて、
鍋で煮て食べる。
こうすると、
少しの小麦粉を
大勢で分けて
食べられる
からのう。
今日はネギと
大根なんか
使ったけど、
その頃は
イモの葉とか
野菜くずとか、
そんな粗末な
物でも あれば
上等だった。
醤油も
なかったから
味つけは塩が
主だったね。
ダシなんか
取ろうにも
カツオブシも
イワシの
煮干しも
なかったしのう。
はあ……
ほんとになにも
なかったん
ですね……
小麦粉の
お団子が
浮いてきたわ。

『美味しんぼ』25巻第3話「スイトン騒動〈前編〉」より

雁屋　岩手のすいとんは広げてやるのね、中国の刀削麵《とうさくめん》みたいに。それから、とうもろこしの粉のパン。それも僕にはおいしいっていう記憶が残ってるの。

岸　ちょっと歯ざわりが違うからね。でもそれっていい後遺症よ。

雁屋　みんな嫌だったって言うんだけど。

岸　真ん中が筒になってる鉄鍋みたいな鍋があって、文化鍋っていうんだけど、それで焼くのよ。

雁屋　そう。いまでも西洋の家ではみんな持ってますよ。イタリアのお菓子、ババを焼くのがそれですよ。イタリアのデザートにババってあるでしょう。フランスでいうとサバランにそっくりなんだけど、それよりもっとキメが荒くて、ラム酒とかブランデーに浸ける甘くておいしいお菓子。そのババを焼く鍋が、まさしく文化鍋なんだ。

岸　とうもろこしのパンていうのは、小麦粉と違って膨まないから、バサバサして。

雁屋　それがおいしかったっていう記憶があるんですよ。だから、岸さんの話と逆。昭和ひとけた生まれはそういうものばかりだったから、もう見るのも嫌なんだろうけど、僕はその頃食べたものはみんな懐かしい。嫌なのは、イモ類、とうもろこし類、栗とかだな。

岸　どうして?

雁屋　ホコホコしてのどにつまるようなものはウプスプするっていうの。死んだ母がよくそう言ったんですよ。粉っぽいものを食べるとウプスプするって。

岸　なるほど、むせるって感じね。

苦行だった、毎日の麦めし

雁屋　子どもの頃は米がなかったから、僕の死んだお祖母さんがよくうどんを打ったんです。それをお祖母さんは、にぼと、にぼとって言ってたの。

岸　ほうとうかね。

雁屋　そうなの。山梨県に行って、ほうとうっていうのを食べたときに、はっとしたんです。お祖母さんの言っていた「にぼと」というのは、ほうとうに煮がついて、さらにそれがなまって「にぼと」になったんだって。

岸　全然山梨県と関係ないの？

雁屋　埼玉です。

岸　埼玉は割と小麦粉を食べるからね、群馬、埼玉は。

雁屋　ただ、子どもの頃は、またにぼとかって嫌だったんですよ。ところが、後年、姉がにぼとをつくったら、姉の子どもが「お母さん、こんなおいしいもの、毎日食べてたの」って言ったと。そして、私のうちでもいま、にぼとは大人気なんです。

岸　やっぱりカボチャを入れるの？

雁屋　僕はカボチャは入れない。

岸　ほんとはカボチャを入れなきゃほうとうじゃないんですよね。武田信玄が考えた料理なの。

雁屋　僕はカボチャはだめだけど、味噌仕立てでね、うちは。

岸　私はあのカボチャとお味噌の味が好きなのよ。栄養学園のときにカボチャの味噌汁を習ったのね、戦争中だから。でも家では母はカボチャの味噌汁なんか嫌だって言うし、お手伝いさんもつくってくれなかった。結婚して初めて自分でつくったら、夫はうれしがって食べたけど。

雁屋　だけど、子どもの頃は味噌汁ってそんなありがたいもんじゃなかったですよね。なんか脂っこいものが欲しかったなあ。肉でもいいし、バターでもいいし、ベーコンでもいい。ああ、クジラのベーコンが懐かしい。

岸　高いわよ、いま。

雁屋　このあいだ長崎へ行ったら、空港で売ってた。このくらいの大きさで二千七百円。買ってきたら、姉が懐かしい、懐かしいって喜んで食べて、値段を見てギャーッて。

　戦後の食べ物の話になると尽きないですね。すいとんの他には、押し麦ですよ。押し麦っていうのはつぶすから真ん中に筋が入るんですよ、ちょうどふんどしみたいに。お米だけのご飯を食べられるようになったのは昭和三十年代に入ってからで、それ以前は押し麦が三分の、米が七分。いまよくとろに麦めしっていうけど、毎日毎日麦めしを食わされていたときは、つらかったなあ。あれは押し麦じゃない、普通の麦もあったんですか。

岸　ないでしょうね。みんな押し麦にしていたと思う。日本には古くから大麦がありましたからね。米につぐ重要な穀物だった。外皮を除いただけのが丸麦で、平たくしたのが押し麦。米に混ぜてたのは押し麦ね。

雁屋　おむすびなんかにしてもぼろぼろでうまいもんじゃなかった。

岸　麦は粘りが少ないから、お雑炊にしてもまずいしね。

雁屋　昔はほんとにお米に麦を足して炊いたご飯だから、ごそごそして粘りはないし、甘くもない。それは大分違いましたよね。舌触りが違う。

岸　昔から丸子のとろろは麦めしよ。静岡の大井川の入口の、雨が降ると川止めになっちゃうところにある。広重の絵にも出てくるし、十返舎一九の弥次喜多にも出てくる。

缶詰を開けるのは一大行事だった

雁屋　いまだと信じられないんだけど、その頃のごちそうの一つが、缶詰だった。お歳暮とかお中元には缶詰の詰め合わせを贈ってきた。とくにコンビーフ。

岸　でも、戦前もコンビーフはごちそうだった。

雁屋　そうなんですか。コンビーフはごちそうでしたね。それを薄切りにして食べる。あるいは、醤油で煮付けて食べる。焼いて食べる。これは大変なごちそうでしたね。

それから、白いアスパラガスの缶詰。これを開けるときは、うちの親は子どもたちを呼びましたね。「アスパラ、開けるよ」って。みんなウォーッてとんで行って。アスパラガスを一本ずつもらって、なんてうまいんだろうと思って食べた。

これは戦後といってもかなり後なんですけど、高校ぐらいのときにみんなでキャンプに行くでしょう。そうすると、五、六日のキャンプに持っていく食べ物には缶詰がいいんですよね。

岸　クジラの大和煮とか。

雁屋　贅沢ですよ。ただね、赤貝の缶詰、あれだけはまずい。絶対よそうなって言って、缶詰を買う係のやつに「おまえ、赤貝の缶詰だけは入れるなよ」と言ったんです。ところがそいつは自分で買いに行かないで母親に頼んだため、お母さんが買ってきたのが全部赤貝の缶詰だった(笑)。そのときのキャンプは悲惨だった。また赤貝かって。それにしても僕らの頃は、なんで缶詰がごちそうだったんですかね。

岸　いまのようにいろんな生鮮食品が出回らなかったから。動物性たんぱく質をちゃんとみんなが摂れるようになったのは昭和三十年代に冷蔵庫が普及してからでしょう。それまで海から遠い地方では干物が多くて、だから、東北地方は脳溢血《のういっけつ》が多かった。東北は、一人の塩分摂取量が一日二十五グラムあったというから。

雁屋　亡くなった女流作家で「食塩健康法」なんて出した人がいたでしょう。とにかく、できるだけ食塩を摂りましょうって。講演してる最中に死んじゃった（笑）。

それはともかくとして、マグロのフレークって覚えてませんか、缶詰の。

岸　ツナ缶のこと？　いまでもありますよ。

雁屋　違う、味がついてるの。甘辛く醬油味がついてるの、それがごちそうでしたよ。あるいは日常的なおかずだった。あと、アミの佃煮。

岸　アミの佃煮。あれはずいぶんあったわね。戦前、私が子どものときはアミはあまり食べなかった。佃煮はアサリとシジミ。それから、お赤飯に必ずついてた切りいかの佃煮も大好物だったわね。

雁屋　もともとアミって、クジラのエサでしょう。オキアミですもん。いま釣りのときにこませで撒く、あれを食べていた。

岸　韓国はあれをキムチに入れるから。

雁屋　浅草橋の鮒佐だと、いま百グラム二千円ぐらいしますよ。僕は辛口だから、鮒佐と玉木屋が好きだな。

岸　私はどっちかというと甘いのが好きだから、海老屋。

雁屋　僕は牛肉の佃煮なんかに砂糖を入れると逆上して怒るの、絶対だめだって。砂糖を入れていいものと悪いものがある。甘いものは徹底的に甘いのが好きなんだけど、料理の味付けに砂糖を入れられるとね。

岸　でも、お砂糖とみりんを使うのがもともとの日本料理なのよ。フランス料理とかイタリア料理はお砂糖を使わないから、必ずデザートを食べる。だけど、関西はお砂糖を使わないのね、みりんを使う。重くなるから。

砂糖のおひねり、竹の子の皮に入れた梅干

雁屋　また、その砂糖ですけどね、戦後、白砂糖にはなかなかお目にかからなかった。よその家に遊びに行くでしょう。そうすると、お菓子なんかない頃だから、昔の汚い再生紙の灰色のちり紙にお砂糖をおさじで一杯とか二杯入れて、丸めてみんなに配ってくれた。それをもらって、広げて、指につけて、いつまでももたせるように大事になめる。それが僕たちの子どもの頃ですよ。漫画の『サザエさん』にも出てきたけど、おひねりの中身が砂糖じゃなくてお菓子だった。

もう一つ、竹の子の皮に――。

岸　梅干を入れてなめるの。

雁屋　そうそう、梅干を入れて夜の間、枕の下において寝押しをするの。

岸　へえー、それは初めて聞いた。スカートは寝押しをしたけど。

雁屋　竹の子の皮に梅干を入れて、三角形になるよう、皮を内側に折りたたむ。それを枕の下で寝押しすると翌日、よおーくしみて、それをペチャペチャ吸うの。

岸　それは私もやったし、子どもたちにも食べさせていたわよ、東京で。そういうのがおやつだったのよね。

雁屋　おやつでしたよ。よその家に行ってお砂糖なんかを貰うと、あそこんちは盛りがいいとか悪いとか言ってね（笑）。昭和二十四、五年ですよ。角砂糖なんか大変なものだった。それから石焼きイモ、僕らの子どもの頃は石焼きイモって大変な高級品でね。一個五十円ぐらいした。黄金色の金時イモの石焼きイモを食いてえって思いましたよ。さんざん食わされたのは干しイモ、乾燥イモ。おやつっていうと乾燥イモだもん。

岸　いまはおいしいのが出ていますよ。サツマイモを蒸かして縦に切って天日干し。

雁屋　ピアノ線が何本か張ってあって、そこにイモを置いてシュッとやると均等に切れる。それを干すわけだ。雨の日には便所にまで干したんだから。それしかおやつがない。だから、どの干しイモがうまいか、見分ける目がついちゃってね。イモによって甘みがないのがあるんですよね。甘いのに当たると大喜びしたもんです。

岸　いま、サツマイモを食べる量も減っちゃいましたからね。ジャガイモも減ったし。サツマイモは東南アジアから沖縄に入ってきた。誰かが持ってきたのよね。鹿児島に持ってきて全国に広めたのは青木昆陽でしょう。東京では薩摩から来たからサツマイモっていうけど、あのへんでは唐イモって言ってたんでしょう。サツマイモが沖縄に入ってきて、人口が倍になったっていうわね。ドイツではジャガイモで人口が増えたって。イギリスのアイルランドも土地がなくて貧しかったけど、ジャガイモが入ってきて飢えをしのいだ。アメリカはとうもろこしね。

雁屋　ジャガイモととうもろこしがなかったら、世界中、こんなに豊かにならなかったでしょうね。

懐かしきコンデンスミルク

雁屋　それから、コンデンスミルクも懐かしい。甘いのを食パンにたらして塗るんです。夏にはかき氷じゃなくて、砕いた氷、かち割りに砂糖をかける。冷蔵庫用の氷を運んでもらうんだけど、母親がわざと余計に頼んでくれて、カンカンカンて割って丼に入れて砂糖をかける。贅沢なときは人工のイチゴシロップ。コンデンスミルクもかけたりして。

岸　かき氷器は後からよね。戦前はかき氷は氷屋さんでしか食べなかった。あなたは、タオルを絞るぐらいの汗をかいてかき氷を食べたという話を書いているわね。

雁屋　羨ましかったのは、商店の子がお金を持っていて買い食いすること。アイスキャンデーとか。

岸　現金収入があるから。だって私たちは戦後すぐに、貯金を全部凍結されて一軒につき四百円ぐらいしか現金はなかったですからね。ヤミで稼いだ人たちゃ、売るものがあった人は現金を持っていたけど。

雁屋　あるとき、商店街に遊びに行って、商店の子どもと一緒にいたら、その子のお母さんが「晩のおかずにトンカツを買ってきな」と言って、そいつが肉屋に行ってトンカツを買ってくるんですよ。

岸　羨ましかったでしょう。

雁屋　僕もこういう生活をいつかしてみたいと思ってね。肉屋のトンカツに憧れました。

岸　昭和三十年頃は肉屋でトンカツ、コロッケをやっていたの。私も勤めはじめた当時、「今日は肉屋に頼んであるから何時になったらトンカツを取りに行きなさい」と手紙を書いて、具だくさんのお味噌汁をつくっておいた。それがうちの食事。それから、お魚は魚屋さんが御用聞きに来てたんです。そうすると「お刺身を頼んであるから」というようにして、あと野菜料理だけ、たくさんつくっておいたものです。

2 日本人の食生活はどう変わったか

何でも食べた昭和二十年代

岸　私は日本人の食生活の変化を考えるときに、昭和二十年代は胃袋で食べる時代、三十年代は舌で食べる時代、四十年代は目で食べる時代、五十年代は頭で食べる時代と言ってるのね。

昭和二十年代はお腹に入るものなら何でも食べた。サツマイモの茎だって葉っぱだって、カボチャの茎まで食べました。お茶殻も食べた時代ですよ。昔は、お茶殻はお掃除をするときに埃《ほこり》がたたないように撒《ま》いていたんです。お茶殻がないときは新聞紙を濡らしてちぎって箒《ほうき》で掃いていた。その出がらしのお茶っ葉をいため煮にするとか佃煮にするとかが、婦人雑誌に出てましたね。とにかくお腹に入ればいい。

雁屋　サツマイモの葉っぱや茎は僕も食べたな。

岸　その頃、サツマイモとかカボチャを主食にしてたから、昭和ひとけた世代の永六輔とか野坂昭如なんかは、親のかたきみたいにして召し上がらない。

雁屋　実は僕もサツマイモとジャガイモとカボチャは苦手ですね。とうもろこしも苦手です。

岸　特にサツマイモなんていうのは、戦争中はその澱粉からアルコール（エタノール）をとるために、味よりも収穫量の多いものをつくっていたから、水くさくておいしくなかった。いまの金時みたいなのは食べられなかったですね。

雁屋　いま焼酎をつくっているサツマイモはみんな澱粉がたくさんとれる品種ですね。

岸　だから焼酎は九州が多いでしょ。

雁屋　色の白いイモ。あれは食べても別にうまくない。

ハンバーグが登場する昭和三十年代

岸　そういう時代があって、昭和三十年代のちょっと前くらいからだと思うけど、学校給食でもおかずがつくようになり、スパゲッティミートソースとか、ハンバーグというのが出てくる。戦中育ちのお母さんたちは見たことも聞いたこともない。ハンバーグは私も主婦の友社に入ってからつくり方を覚えたぐらいで、子どものときはなかったですね。コロッケ、ステーキ、トンカツはありましたよ。それから、グラタンなんかも銀座で食べさせてもらったけど。お母さんたちは献立を見てもどういうものか知らないから、「スパゲッティミートソースとか、ハンバーグというのはどうやってつくるんですか」って学校に電話がかかってきた。だから、三十年代は学校の調理場で料理教室をやりました。

私が取材に行ったら、イタリアのでっぷりしたおばさんがやってきて、牛の挽肉一キロっていうの。ハア？　って思った。それから、オリーブオイル二分の一カップで炒めるって。私なんか大さじ二杯。挽肉は三百グラムでつくってたから驚いたんだけど、一応そういう形で講習会をやったりしてましたよ。

ところがいまは「先生、学校のハンバーグのメーカーはどこですか」って聞いてくるんですって。学校のハンバーグはうちのよりおいしいって子どもが言うけど、どこのメーカーの製品ですかって。時代がそうなってるの。

雁屋　いや、それはすごいなあ。

岸　これは栄養士さんから直接聞いたから。それから『栄養と料理』の編集長をつとめていた頃にうちの娘が高校の友だちの彼氏を連れてきて、私がたまたま家にいたからスパゲッティミートソースを食べさせたら「へえー、こういうの、家でつくれるんですか」って言ったわね。それが昭和四十年代。

昭和三十一年、鳩山首相の時に「もはや戦後ではない」という経済白書が出ましたね。そのときにお米の消費量と生産量が一致した。それがお米の年間消費量のピークで、いまは半分になってる。だから、私はいま「ご飯を食べましょう運動」をやっているわけです。

雁屋　なんで消費しないんだろう、お米。

岸　食べないんだもの、みんな。パンを食べるし、ラーメンを食べるし。それから、当時育ち盛りだった団塊の世代がおじさん、おばさんになってる。おまけに少子化でしょう。

雁屋　戦後、アメリカが給食でパン食を日本に根付かせたからね。

岸　昭和二十二年から学校給食って始まってるのね。ただ、戦前から貧乏でお弁当を持たせられない子どもたちには、それに近いものがあったみたい。

雁屋　給食と同じような形のものが?

岸　だけど、ララ物資によってちゃんとした給食になったのは昭和二十二年だと思いますよ。当時アメリカは小麦粉が余っていたから、それを入れたいと思ったんだけど、香川綾さんが「日本人に足りないのは牛乳だ」と主張した。ところが牛乳は持ってこられないから、脱脂粉乳になったという話ね。さらに牛乳を普及させるためにはパンがいい、というのでパン食になった。もちろんアメリカには、小麦粉を入れるという目的もあったんですよ。

雁屋　ララ物資ってアメリカからただでもらったと思って感謝していたら、あとで請求書が来たのね。ひどいもんですよ。

岸　それで牛乳を飲む習慣がついて、日本人に足りなかったカルシウムやビタミンAやビタミンB2、成長促進ビタミンがとれるようになった。日本人の子どもって、昔はみんな青っ洟《ぱな》をたらしてたんですよ。

雁屋　ああ、僕だってたらしてましたよ。それを袖《そで》で拭くからてかてかになってね。青っ洟っていうのは何ですか。

岸　栄養失調です。昭和三十年ぐらいまでいましたね。

雁屋　ただお米に関していえば、僕だっていまは一日一膳しか食べないものね。朝ご飯はほとんど食べないし、昼は麺類《めんるい》。夜にはじめてご飯を食べる。朝めしを食うっていうのは大学のとき以来、なくなっちゃったな。

食べ歩きが人気を呼んだ昭和四十年代

岸　そういうことで昭和三十年代は舌で食べる時代。おなかが一杯になったら、おいしいものを食べたい、となりますよね。『主婦の友』はそういう時代の雰囲気をキャッチするのが早かったんだと思う。「料理の好きな家庭婦人求む」というコピーで専門の料理記者を募集して、家庭で料理をつくっている人たちを雇ったわけです。

そして、昭和四十年代は目で食べる時代。住宅事情がよくなって、人を招くことも増える。器や盛りつけ、テーブルセッティングなども知りたくなるでしょ。私も『栄養と料理』の編集長のときには辻留さんと小川軒の連載をやったり、食べ歩きをやりましたよ。それで十万部が二十万部になった。

雁屋　四十年代は目で食べて、五十年代は頭で食べるわけですね。

岸　というのは、もう成人病、生活習慣病が出ていますからね。主婦の友社の最後の方の仕事で『糖尿病の食事』という本をつくりました。そうしたら、そのとき慶応の先生が、アメリカ帰りのわりと新しい先生で「岸さん、糖尿病がいま日本でも百万人いるんですよ」とおっしゃったの。私の身のまわりにはいなかったたし、母方のおじが糖尿病を患ったという話は聞いていたけどね。その百万人が『栄養と料理』の編集長時代には、六百万人と言われた。そしてこの四、五年前には、糖尿病の患者が六百七十万人、その翌年には六百九十万人になった。要するに、約七百万人。糖尿病の疑いがあるけど治療していない前糖尿病のひとが七百万人と推定されるから、千四百万人というのが二、三年前のデータです。

いまはもっと増えてるでしょう。前は十人に一人って言われていたのが、いまは四十代以上の四人に一人は糖尿病だっていうから、治療にもすごいお金がかかってるでしょうね。

私が『栄養と料理』の編集長をやめていまの会社、エディターズをつくったのが昭和五十四年。もう三十年ほど前ですね。そのころ、ＮＨＫ出版の『きょうの料理』別冊で『成人病の食事』という本をつくったんですが、聖路加病院の日野原重明先生はこうおっしゃった。「成人病はおとなになったらなる病気ではない。悪い習慣が積み重なってなる病気です」。肉食の摂取量が昔に比べて十倍になっているように、食生活の変化は現代人の健康に大きく影響しているでしょうね。

コラム……雁屋 哲

日本人と米の飯はなぜ相性がいいのか

岸さんとの話の中にも出てくるが、戦後のあの物のない時代にやはり一番のごちそうと言えば、白米、白いご飯だった。白いご飯さえあれば他に何も要らない、それほど私たちは米に愛着を抱いていたのである。

ところがこれが不思議なことに、飽食の時代と言われている現在の日本にあっても、日本人の食に関する意識の中で米の存在は非常に大きなものであるようだ。

大衆食堂の看板に、よく「当店は、◎◎県産の◎◎米を使用」などと大きく看板に書いてあるのを見ることがある。料理が美味しいのは当たり前で、米までも違うのだというわけなのだろう。オーストラリアでの生活が長い私の子どもたちも、やはり外国での生活の方が長い私の甥《おい》も、米に執着する。私の息子たちは、餃子を食べるときに必ずご飯を食べずにいられないし、ステーキもご飯なしでは食べた気がしないと言う。スイスに住んでいる私の甥の一人はスイス人の妻を巻き込んで毎日米の飯を食べている。いったん日本人と生まれて、米の飯を食べると、終生米から離れられないようである。

しかし、ふと考えてみれば、日本の食べ物

は、うどんやそばなど麺《めん》類を除いて、米の飯と合わせてこそ美味しいというものが圧倒的に多いのではなかろうか（いや、世の中にはラーメンライスが好きな人間も多いし、関西に行くとうどんと一緒におにぎりを食べるところを見ると、麺類を除く必要はないのかもしれない）

その最たるものは、寿司であり刺身だろう。最上のマグロのトロ、あるいはしゃっきりしてしかも脂の乗ったヒラメの縁側を前にしたときに、日本人たる者、間違ってもパンに乗せて食べたいなどとは思わないはずだ。逆に言えば、日本に刺身文化がこれだけ栄えることになったのも、米の飯があったからこそである。

と言うと、ちょいと待てよという声が上がる。米を食べるのは日本人だけではない。アジア全域で食べられているではないか。特に、中国を見よ。食は広州にあり、と言われて、世の中の美味しいもの好きにとっては聖地とも言われる広州でも、刺身はほとんど食べない。これを何と説明するんだ、と言うのである。

そう言われて考えつくのは、米の形状だ。アジアのほとんどの地域で食べられているのは、日本の米とは形が違う。日本の米は長粒種と言って、米の形が長く、粘り気がある。それに対してたとえばタイ米などを例にとると単粒種と言って米の形が短く、粘り気がない。

東南アジアの米の中ではジャスミン米といって、独特の香りの高い米が一番評価が高い。我々日本人は最初のうちは、どうして東南アジアの人間がその米の香りをそんなに高く評価するのかわからない。それは、ジャスミン米を日本風のおかずで食べるからである。同じ魚でも東南アジア風に料理したもの、さらにはカレーなどは、そのジャスミン米で食べるとあっと驚くほど美味しい。逆にジャスミン米を日本風のおかずで食べると、その香りとぱさぱさした食感が邪魔をして少しも美味しく感じない。

ここにおいて、私は刺身が日本で異常に栄えたことの理由を見いだした気がしますな。

要するに、日本の米のあの粘り気と甘さですよ。戦後しばらく日本は米がなくて飢えていたというのに、アジアから輸入した米は、「外米」と呼んで二級品扱いをして、ありがたがらなかった。飢えている最中でも米なら何でもいいというわけではなかったのである。

ササニシキ、コシヒカリ、アキタコマチ、それらの人気銘柄を味わってご覧なさい。どれも、粘り気があって、ちょっと噛むだけで豊かな甘さが口中に広がる。

この日本独特の米の味が刺身のうまさをさらに広く深くしたから、刺身文化が栄えた、というのが、実はいま大急ぎでこね上げた私の説なのだが、まんざら説得力がないわけでもないと思う。

ここで最初に戻りますが、戦後私たちにとって最高のごちそうは白い米のご飯だった。ところが、それから六十年以上経った現在も、美味しい米の飯がなかったら日本のごちそうなどというものは存在しないのではないか。日本人にとっては、いまも昔もご飯がごちそうなんですなあ。

コラム………岸 朝子

お祝いの料理といえば、すき焼きだった

「ごちそうさま」のちそうは漢字で書けば馳走で、人をもてなすために食材を求めてかけ巡るといった意味と聞く。もてなされる側は「ごちそうになりました」と言うことになるのだが、わが家では朝夕の食事が終わった挨拶になっている。そのあとに「おいしかった、おいしゅうございました」とひとこと続くが、ご飯と味噌汁のときでも料理をつくってくれた人へのねぎらいの意味もあるし、私自身は魚、肉、卵はもちろん米や豆、野菜などの食材の命をもらって自分の命をつないでいることへの感謝の気持ちも含めている。

戦前というより子どものころの家庭の食事でごちそうといえば、「鶏のおつゆ」と呼んでいた沖縄料理。鶏一羽を骨ごとぶつ切りにし、大根と昆布を加えてゆっくり煮込んだ汁物で、おろししょうがを加えていただく。もうひとつは、ご存じラフテー。豚三枚肉を煮込んだもので中国の東坡肉《トンポーロウ》、長崎名物の豚の角煮と同種の肉料理で、どちらも沖縄出身の祖母から母にと伝わっている味だ。あとはちらし寿司ぐらい。カレーライスやハヤシライス、トンカツ、フライなどもあったが、ごちそうとはいかなかった。

おしゃれな料理といえば、姉が料理学校で覚えてきたとうもろこしのポタージュやグラタンなどだった。母のレパートリーに洋風の料理は少なかったが、私が子ども心に「まあきれい」と喜んだ一品がマセドアンサラダ。ジャガイモ、にんじん、たまねぎなどを小さな角切りにして缶詰めのカニとマヨネーズであえたもの。グリンピースも彩りになって美しかったし、もこもこした味でなく、するっするっとした舌ざわりだった。私も何回かつくってみたが、思い出の味には遠かった。

どこの家庭でも同じだろうが家庭のごちそうといえば、すき焼きだ。誕生日はもちろん、入学、卒業となにかといえばすき焼き。もちろん、戦争中は牛肉は手に入りにくく、鶏すきが多かった。戦争中、京都に疎開していた私の妹は小学校の同級生が「うちは今夜、洋食よ」と話すのを聞いてひどく羨ましかったそうだ。ところが、これはお好み焼きのことだったとあとから知る。ナイフ、フォークを使って食べたのであろうか。

ナイフ、フォークといえば、わが家でも夕食の仕度がすんでお膳立てとなると、子どもたちに声をかける。「ナイフ、フォークを出して」と。「わぁい、ステーキだ」と喜んだ子どもたちは同じステーキでも、ハンバーグステーキでがっかり、ということもあった。

クリスマスは鶏のもものロースト、つけ合わせはにんじんのグラッセと粉吹きイモ、ブロッコリーが出回る前はほうれん草のバター炒めで、赤・白・緑のクリスマスカラーにした。あとはポタージュとサラダ、クリスマスケーキ。書いているうちに子どもたちの育つ頃が、一番忙しかったけど幸せだったと懐かしくなる。

　お盆はともかく、夫が亡くなってから十年あまり。三月、五月の節句のちらし寿司、春秋のお彼岸のおはぎなど、昔は手作りにしていたが、最近は怠けて買ってくるものになったが、ただひとつ、頑として守っているものがある。正月のおせちだ。

　いまから六十一年前、日本が戦争に敗れた翌年の正月は千葉県の富浦で迎えた。びわ農家の作業場の二階に住み、炊事は簡易かまどと七輪であった。前年の八月に生まれたばかりの娘は乳が足りなくてよく泣くし、食材といっても手に入らない。夫の実家から送ってきた餅と黒豆でつくった雑煮と煮豆、それに大根とにんじんのおなますくらいで新年を祝った。あけて三日か四日に東京から来た母に、「正月料理は」と聞かれて「それだけ」と答えたところ、ひどく叱られた。沖縄では「理とおす、家とおす」という言葉があって、しきたりを守らなければ家を守ることはできないということだった。

　それからは、貧乏なりに形だけでもおせちをつくった。現在でも野菜十種に焼き豆腐の煮しめ、きんとん、黒豆、二色卵、焼き豚、牛肉の八幡巻きなどを手作りにするほか、みんなが楽しみにして集まるソーキ骨のおつゆ。これは戦後、手に入るようになった骨つき豚バラ肉を鶏のかわりに使うごちそうだ。黒豆は五カップ、きんとんは四キロ入りの栗の蜜煮を求めてつくる。その昔、デパートで市販品を三百グラムしか買えず、ひとり一個ずつの栗しか食べられなかった後遺症である。

第3章

ラーメンと寿司の社会的考察

1　なぜ日本人はこんなにラーメンが好きなのか

札幌ラーメンを紹介したのは花森安治

雁屋　なぜ日本人はこんなにラーメンが好きなんでしょうかね。
岸　もともとそばが好きだから。
雁屋　でも、そばとラーメンを比べたら、そば屋よりラーメン屋の方がはるかに多いじゃないですか。
岸　多いわよ。だって手軽で、脱サラして誰でもすぐにできちゃうんだもの。そば屋は、みんな失敗してるわよ。定年になって信州のどこかで開いてみてもお客が入らなかったり。「木鉢三年」という言葉があるように、木鉢でそばをこねるにも三年の修業がいるんですって。
雁屋　そばは商売が難しいのか。それよりも、ラーメンに対して日本人の強い好みがあるんじゃないですか。

岸　ラーメンに関しては日本人が動物性脂肪を摂るようになったのが大きいんじゃない？　昔は日本人は、油ものを食べられなかったのよ。だからさっぱり食べるために、五目焼きそばにお酢をかけて食べたでしょ。それから、五目そばといっていろいろのっているおそば、あれにもお酢を入れた。それがいまは平気ですものね。

「ラーメン」という言葉が最初に出てきたのは、札幌ラーメンね。『暮しの手帖』の花森安治が取材をして書いた。『暮しの手帖』は戦後出版されて、社員たちが自分で背負っていって神田の本屋においてもらったというんだけど、インテリはけっこう読んでいた。それで、昭和三十年頃に北海道の「三平」という店に一週間ぐらい毎日来て、隅っこに座ってじいっと見ているおじさんがいたんですって。それが花森安治で、初めて雑誌で札幌ラーメンを取り上げた。

私たちが子どものときは支那そばだったの。屋台の支那そばで、支那ちくと練り製品のなると。

雁屋　そうですよ、支那そばとか中華そばって言ってたんだ。

岸　昭和三十年代に支那は使っちゃいけなくなって中華そばになった。私たちが昭和三十年に本をつくったときには、日本料理、西洋料理、中華料理だった。だけど、三十三、四年頃に、中華っていうのはあくまでも中華民国、台湾だということで中国料理と言うようになった。残っている言葉は中華鍋と中華そばだけよ。

雁屋　へえーっ。本当⁉

岸　だから、大変だったの。書名の『中華料理の基礎』を『中国料理の基礎』に変えたりね。

雁屋　それは知らなかった。中華料理って言わないの？　僕は平気で漫画でも中華って書いてるなあ。

岸　いまでも「和・洋・華」なんて言ってるけどね。NHKは大変だったはずよ。

札幌ラーメンに話をもどすと、「三平」はもともとは満州の機関士だった人が引き揚げてきて食べるのに困ったときに、向こうで食べていたラーメンを考えついたらしい。上にラードを流すのよ。そうすると汁が冷めにくい。

雁屋　あれは最初からわざとラードを流したんですか。

岸　札幌ラーメンはラード。それがバターになった「バターラーメン」というのもあるけど。そもそもラーメンってそういう成り立ちなのよ。

うまいラーメン屋、まずいラーメン屋

雁屋　札幌で、タクシーの運転手に「ここが有名です」ってあるラーメン店に連れて行かれたことがある。壁一面に芸能人の色紙が貼ってあるんです。「○○さんへ、おいしかった、うれしか

った」って書いてある。で、一口食べて、なんだこれは、と思った。二口ぐらい食べてやめちゃったの。壁に名前を残した人たちは一体何を食って、こんなことを書いたのか。不思議で不思議でしかたなかった。僕はそれでもうやめて出た。そうしたら、普通、一口、二口しか食べないで出たら何かあるだろうって、お店の人が心配して尋ねるものでしょう。平気な顔ですよ。あれには驚いたなあ。札幌でラーメンを食っちゃいけないって言うけど、僕の実感としてもそうだね。

おいしかったラーメンの話をしましょう。僕が電通に勤めていたときに、電通本社の裏に、夜になると屋台が出たんですよ。その屋台のラーメンというのは、上に牛肉の薄切りを煮たのを盛るのね。上にのっかってる牛肉と麺の取り合わせがうまくて、よく食べに行きましたよ、銀座で酒を飲むと。

それから、もう四十年も前、まだ中学生か高校生のときに焼津の魚市場の横の屋台で初めて、かつおぶしだしのラーメンを食べましたね。いまラーメンスープを魚系とか肉系とか言うじゃない？　魚系だしのラーメンを食べたのはこの時が最初。

それから、葉山マリーナのすぐそば、並びに「小浜」というラーメン屋があって、そこも魚系のだしで麺がすごく細いの。

岸　日本人好みね。

雁屋　そこは頑固に「支那そば」と書くんですよ。そこもうまいですよ。ただ若いときは、麺なんてものは本気で食えなかった。本気で食うなら、肉と油がごってりじゃなかったら嫌だったからね。お昼ごはんでさえ、一食として麺を食うなんて、そんなばかなことがあるわけないと思っていた。だから、酒を飲んだあとに食うぐらい。おつまみとか、おやつとか、夜食とかそんな感覚で、本気で食べるにはもの足りなかった。いまでこそ平気ですけどね。でもお昼にラーメンを食べたら、四時頃には腹ぺこで死にそうになっちゃいますね。

ラーメンライスの正しい食い方

岸 ただお腹がへるからって、ラーメンライスを食べるひとがいるでしょ。あれはよくないって私は聞いたけど。

雁屋 大学にいた頃、いま東工大の物理の教授をやっている同級生が、「戸塚、おまえはラーメンライスの食い方を知らない。ラーメンライスの食い方を教えてやるからついて来い」って、大学の近くのラーメン屋に行って、ラーメンライスの食い方を教えてくれたんです。漫画にも書きましたけど、まず、ラーメンをひとくち口に入れて、ご飯を入れておつゆを吸う。それを交互にやる。

岸 ラーメンとご飯とスープ？

『美味しんぼ』29巻第１話「フランス料理とラーメンライス」より

雁屋　ラーメン、ご飯を入れたスープを飲む。それを繰り返す。

岸　へんなの。

雁屋　それから、最近食べたのは秋葉原の「九州じゃんがら」。

岸　私も好きなの。脂ぎとぎとで、にんにくをすりおろしたのを入れて。

雁屋　息子に無理矢理連れられて行くんだけど、だいたい二十人ぐらい行列ができていて、外に並んでいるうちから注文を取りに来る。ビールもちゃんと。それで順番が来て店に入ると、とたんに注文したのがさっと出てくる。あれはすごいねえ。それからあそこのはいろんなものをのっけるんだけど、タラコをのっけた奴がいたらしい。でもさすがに失敗だったって（笑）。

ラーメンの原形、支那そばとは

岸　私のラーメンの思い出を話しましょうか。まずは、支那そば。私の小学校は東京高等師範附属小学校、教育大の前身ね。あの頃、附属の子どもはみんな受験するから、六年生になると課外授業があった。それでおやつが十銭。お母さんたちがお当番でいろいろ用意してくれるんだけど、ときどき支那そばが出るの。

雁屋　おやつに？

岸　そう、おやつね。受験のための課外授業のときにね。昔の支那そばっていうのは支那ちくと、のの字のなると巻と、どういうわけか海苔なのね。

雁屋　東京ラーメンはそうらしい。

岸　江戸前の浅草海苔は入れるものだって。そして、チャーシュー。青いのはほうれん草で、ねぎがちょっと入って。

雁屋　支那ちくも言っちゃいけないんですよね、メンマって。

岸　メンマ。沖縄ではスンシーとか言うのね。

雁屋　それがラーメンの原形、支那そばですね。

岸　昭和十一年に女学校に入ったんだから、前の年、昭和十年。昔から屋台の日本そばはあったんだけど、支那そばはチャルメラでね。だけど、うちでは買ってくれないから、私は食べられなかった。

雁屋　そうだ、昔はチャルメラを吹いて売りに来ましたよ。チャルメラって、実はオーボエと同じようにリードが二本ついてるの。吹くのはなかなか難しい。♪ヒャラリラ　ヒャラリラー って。

岸　そのあとはずっと食べてなかったですね。戦後になって、主婦の友社に入ったら、すぐ近くに有名な中華そば屋さんがあって、そこでよく食べた。店の床下には甕《かめ》にお金がいっぱい詰まってるんだという噂が流れるぐらい、繁盛してたわね。中国から引き揚げてきた日本人が始めたらしい。駿河台下のところに洋食屋があって、お昼にそこに入ったら、ラーメン屋のおじさんがナイフとフォークで食事をしていましたよ。

主婦の友社にいた時代、昭和三十年代のラーメンはおそばにかんすいを使っていたわね。煮豚か焼豚か、チューシューがのっていて。戦前はほんとのチャーシューでしたよ、焼いてまわりが固いの。あれは中国の人がつくったんでしょうね。

カップラーメンというのはスキー場で初めて食べて、わあ、あったかくていいな、と思った。昭和四十六年ぐらいですね。

雁屋　僕はカップラーメンには恨みがある。僕は競輪が好きで、昔はよく花月園競輪に行ったんです。会社をさぼって、競輪新聞を尻ポケットに突っ込んで花月園に乗り込むと、僕もいっぱしの人間になったなあと思ったもんですよ。その花月園のスタンドの上にうどん屋があった。安いうどんですよ。まずかったけど、レースを見ながらそのうどんを食べるのが楽しみでね。それがあるときからカップ麺に変わったの。カップ麺というのは何がなんでもまずいね。それ以来、花月園での楽しみがなくなったんですよ。カップ麺というのはあれしか食べたことがないなあ。

カップ麺に問題はないのか

岸　インスタントラーメンができたのが昭和三十三年で、日清チキンラーメンが最初。カップラーメンができたのが四十六年。四十七年の浅間山荘事件で過激派が一か月ぐらい山中に籠《こも》っていたんだけど、カップラーメンばっかり食べていたというのね。それで、ビタミンB1欠乏症になった。ネズミの実験で、ビタミンB1欠乏になるとすごく獰猛《どうもう》になって噛み殺すのね。当時、私は原稿に書きましたよ。

雁屋　じゃあ、あれは食い物が悪かったから仲間内で殺し合いをしたんだ。

岸　昭和三十三年、主婦の友社にいた若い子が、私の上司と一緒にインスタントラーメンの発表会に行った。そうしたら「これは非常に栄養のある栄養食品です」と日清の安藤百福さんが言ったというのね。だけど、帰ってきてから「栄養があるとあの人は言ってたけど、そうじゃないわよ。カロリーがあるって言わなきゃいけなかったのよ」って。それはいい言葉だと思った。おなかがすいてサツマイモの茎でも食べたような時代には、エネルギー源としてあれがよかったわけよね。

それが四十六年にカップラーメンになって、そのまま食べられるから楽だということになった。だけど卵が入っているといっても、主婦連で調べたら、あれは一グラムのドライ卵。若い子たちがカップラーメンとコーラを飲んで運動をしているから軽い脚気状態で担ぎ込まれるということもあったんです。そういうのをあの頃『栄養と料理』にじゃんじゃん書きました。それと、油の酸化の問題。また、悪くならないのは保存料の添加がある、というような批判をしたのね。

ところが私が昭和五十四年に「エディターズ」という会社をつくって十年ぐらいしてから、たまたま博報堂の人が、どうしても栄養士たちと手を結びたいと言って私のところにカップラーメンの依頼をしてきた。それで改めて取材してみたら、そうした問題はほとんどクリアしてあったわね。

だから、あなたが漫画で批判したら、醬油メーカーが追っかけで丸大豆を使うようになったというのと同じね。私が編集者をしていてよかったなと思ったのはそういう時。

雁屋　料理記者としてカップ麵の批判をしたら、ちゃんと業界が応えてくれた。そういう意味で、料理記者としてよかったというわけですね。

岸　それから安藤百福さんという人にはこういう話もあるのよ。お酒の缶の紐《ひも》をひっぱるとお燗《かん》ができるとか、仙台の牡蠣めしのお弁当でアルミ箔《はく》をひっぱるとあったかくなるという技術がある。ラーメンもお湯がないと困るからってそういう商品を開発した。完成して宣伝カーまでつくったのに、「やけどをしてはいけないから」という百福さんの一言でやめた、というの。そういういいところもあるのね。

というこどもありまして、いま日本即席食品工業会の理事をやっています。もう五年ぐらいになるかな、そういうところの理事には有識者を入れないといけない。で、日本栄養士会の先生やお茶大や東大の先生なんかと一緒に私も有識者ということで理事をやっているんです。

そういう意味で、さっきの添加物とかなんかの問題をクリアできたっていうのは、やっぱり世論のおかげなのよ。

雁屋　それはそうですよね。言わなかったら、やらなかったでしょうからね。

世界に広がるインスタントラーメン

岸　いま私は「インスタントラーメン食べてもいいよ。だけど、そればっかり食べてると栄養失調になっちゃうよ」という言い方をしている。いくらビタミンB_1が添加してある、カルシウムが添加してあるといっても、あくまでも炭水化物、エネルギー源として食べるべき。しっかりほかの食品も食べましょう、ということを言っています。
まもなくソウルで世界インスタントラーメン大会が開かれるんだけど、いまインスタントラーメンの生産量は世界中で八百五十六億食ある。消費量が一番多いのは中国、その次がインドネシア。

雁屋　インドネシア？

岸　インドネシアって島が多いじゃない。保存できるカロリー源ですから。保存食といっても、この頃、賞味期限ですぐ捨てちゃうけど、カビがはえないのは水分がないから。だから、そうめんなんかでもいつまでもとっておける。そうめんはある程度置いておいた方がおいしくなるっていうのは油が抜けるから。そういう知識がなくて、なんでもかんでも捨てちゃう、というのは間違い。

雁屋　しかしねえ、インスタントラーメンとコーラと、そんなのばかり食ってるんじゃ体に悪いもんなあ。

岸　ベトナム戦争だって、チキンラーメンとゴム草履《ぞうり》で勝ったといわれてるのよ。

雁屋　ゴム草履は知ってたけど、チキンラーメンは知らなかった。

岸　チキンラーメンをパチパチ砕きながら食べていたんだって。だけど、あれはあくまでもエネルギーを満たすものであって、食事ではない。

雁屋　学生の頃は食べましたよ、僕も。受験のときも。

岸　うちの孫も受験のとき、すごくふとっちゃってね。「午後の紅茶」と「チキンラーメン」を二カップずつ食べてて。

ラーメン・ブームの火付け役は誰か

岸　ただね、日本の主婦がラーメンという食べ物があると知ったのは、インスタントラーメンのおかげなのよ。私たちの年代、おばさんたちは誰もラーメンを知らなかったの。

雁屋　インスタントラーメンのおかげですか。

岸　そうですよ。ラーメンという言葉はインスタントラーメンから生まれたの。

雁屋　あれまあ。

岸　札幌ラーメンというのはありましたけどね。それは『暮しの手帖』の読者ぐらいで、一般には「ラーメン」という言葉は使われてなかった。

雁屋　そうしたら、インスタントラーメンからラーメンという言葉が定着して、こんなにラーメン屋がさかんになったわけだ。インスタントラーメンがなかったら、いまのラーメンブームはなかったのか。チキンラーメンがそもそも始めなんだ。驚いたなあ。

岸　そうなの。それで安藤百福さんがチキンラーメンをなぜ考えたかといったら、みんながお腹をすかして雑炊屋に並ぶような時代に、お腹を満たせば世の中平和になるって。それはたしかよ、食べものがなくなれば戦争になりますよ。

雁屋　アメリカはあんなに飽食の時代なのにひとの国に戦争しに行くじゃない？　しかしいまのは面白い話だなあ。

岸　ラーメンを食べたことがなかった人たちがラーメンという言葉を知って、ラーメン屋にも入るようになった。私は編集者だったし、中国のまねをしたラーメン屋があったから行きましたけど。主婦の友社時代には子どもたちをバレエとかオペラなんかに連れていくときに、そのラーメン屋でラーメンを頼むと、席がなくて外で食べたくらい。ラーメン屋そのものが珍しかった。いまはバス停一つに五軒ぐらいあるけどね。

雁屋　じつは、ラーメンをきちんと自分たちのホームページでやろうとしてるんですけど、これほど議論百出の食べ物はない。好き嫌いがこれだけある食べ物もない。それなのにラーメンという一つの領域、一つの決まった世界ができちゃっている。日本人はラーメンというものだけは、とにかく好きなんですよね。

岸　私は昭和四十六年に初めてアメリカに行ったんですよ。「キッコーマンの奥様大学」という企画に同行したのね。カップ麺ができて間もない頃で、「カップヌードル」といってみんなが食べていた。私が『栄養と料理』の誌面で「あるのは炭水化物だけで、ビタミンがない」とさんざん書いているときに、アメリカに行ったら、ヘルシー食品だってOLが食べている。それで帰国して香川綾学長に「先生、向こうではヘルシー食としてインスタントラーメンを食べてるんですよ」と言ったら、「それはそうでしょう。あんなに動物性脂肪を食べている国の人たちが一食でもヌードルを食べれば、それだけ健康にいいはずだ」って。それだけものの考え方が違っていたわね。

2 こんな寿司屋はごめんこうむる

初めて入った寿司屋は立ち食いの屋台

雁屋　ラーメンと来たら次は寿司ですね。にぎり寿司っていうのは高級なものだったから、僕たちの子どもの頃は滅多に食べられるものではなかった。寿司屋に行ってカウンター席で食べるなんていうのは、ずいぶん後のことだな。僕の姉が大学を卒業して就職したとき、最初の給料かボーナスで銀座のお寿司屋さんに連れて行ってくれた。安いお寿司屋なんだけど、それがカウンターでお寿司を握ってもらって食べた最初。

次に、高校三年の夏休みに北海道に勉強しに行くっていうんで、その前に父親が銀座の寿司屋に連れていってくれた。その寿司屋はシマアジを丸ごと冷蔵庫にしまってあるの。それを出してきて、食べるところだけすっと切って握って、また冷蔵庫にしまっちゃう。そのシマアジがおいしくてね。そういうふうに格別のものだったなあ。そんなしょっちゅう食べるものではなかった。

岸　戦前はお寿司はとって食べる、配達してもらって食べるものだったのね。あとは、地元の屋台。おでんなんかと同じで。本間千枝子さんの本に、「お食事をしに行くというと、お父様と待ち合わせて銀座四丁目、尾張町へ行って、ちょっとお寿司をつまんで、それから料理屋に行った」と書いてあったわね。本間さんは私より十歳下だから、昭和十年代でしょうね。

雁屋　昔は一食全部寿司を食うなんていうことはなかった。

岸　家にとれば別よ。寿司屋に行くっていうことはなかったですね。私が生まれて初めて寿司屋に行ったのは、大塚の三業地の入り口にあった屋台。三業地は大塚駅から自宅までの近道だったんだけど、私たちは通っちゃいけないって言われてた。たしか亀寿司という寿司屋だったと思うけど、そこに母の弟が連れて行ってくれた。立ち食いでしたね。うちに帰ってお母様に言っちゃいけないよって固く口止めされたけど。

雁屋　ほんとに立ち食いなんですか、座れないの?

岸　だって屋台だもの。ラーメン屋とかと同じ屋台。たぶん小学校の二、三年頃ね。ということは、昭和八年ぐらい。

雁屋　そうすると、同じ時代に銀座には「久兵衛」のような高級な店があり、一方でそういう屋台の店と、両方あったわけだ。志賀直哉の『小僧の神様』ってあるでしょう。志賀直哉とおぼしき人間が誰かと一緒に食事をしているんですよね。あれなんかちゃんとした店ですよね、屋台じゃない。だから単につまむだけではなくて、一食食ってたんだなあ。それとも、酒を飲むだけだったのかなあ。

寿司屋が小料理屋のようになってきた

岸　寿司屋が飲み屋になったのは戦後よ。お茶とお寿司だけを食べるのが本物だったでしょう。椅子席ができて寿司屋が飲み屋になったのは、私は気に入らないのね。なぜかというと、戦後まもなくはお刺身なんてお寿司屋に行かないと、食べられなかったじゃない。ところがいまの寿司屋は小料理を出すようになったでしょう。

雁屋　あんまりなんかつくったものを出すのは嫌ですね。途中でお汁を出したりされると嫌になっちゃうな。単にいかにも寿司ネタを切って出しました、みたいなのはいいけど、変に凝《こ》りはじめるとね。ワインを飲ませる寿司屋とかね。

岸　この頃、増えたわよ。

雁屋　それが、親父が指定するんだって、この寿司にはこのワインって。

岸　うるさい。

雁屋　僕は静岡にいなかがあったでしょう。静岡に行くと、伯母がお寿司をつくってくれるわけです。なんてたって、にぎりがおむすびみたいにでかい。その上に静岡県ですからカツオがあるんですね。

岸　カツオをづけにして。

雁屋　づけじゃなくて、普通にのっける。カツオの刺身もでかいけれども、下のご飯がまたでかい。それをダーッと並べるわけ。それを見て、自家製のお寿司というのはすごいなと思った。にぎり寿司なんて家庭ではつくるものじゃなかったから。

岸　にぎりはつくらない。押し寿司か巻き寿司で、遠足のお弁当。ちらし寿司は春秋のお彼岸。

雁屋　誕生日にそんなものをつくってもらいましたね。

岸　お寿司というのはもともとそういうものね。ただ、関東の寿司と関西の寿司は、箱根の山を越えると砂糖が倍になるっていうぐらいに違う。関西の寿司は甘いのよ。

雁屋　京都で評判の寿司屋に行ったけど、ご飯が甘くてべちゃべちゃ。大阪寿司の「吉野寿司」とかはおいしいけど。

岸　さば寿司は一本の片身をつけるのね。「いづう」ではばってらをボートのかたちにするんだけど、親父さんが、「こけら寿司は倹約して一本使わないで端っこをのっける。絶対にうちの寿司と間違えないでくれ」って、いつも言ってた。

雁屋　たしかに京都のは、棒寿司だから丸々使ってますよね。でも僕は「吉野寿司」の方がうまいと思うな。「いづう」のはめしが固すぎる。固くしめ過ぎですよ。ご飯の粒がわからなくなっちゃうぐらい押してるから。

親父が威張る寿司屋は最低だ

岸　ただ、寿司屋で私が嫌いなのは、親父が威張ってることね。

雁屋　一度、ひどい寿司屋があってね。実はあるとき週刊誌から書評を頼まれたの。ある寿司屋が自分の一代記を書いたんですよ。本にはいいことが書いてあるんだ、いろいろと。親父が寿司を握って「おい、見ろ。これはほんとにいい形にできた、ほれぼれする形だ」と言うとか。苦労話もいろいろ書いてあるし、なんかいい人みたいだなと思って、弟と二人で食べに行ってみたの。

そうしたら、親父は横を向いてて、ほかの客と野球の話かなんかして、僕たちには一瞥《いちべつ》もくれない。注文しても、ろくに返事もしない。握って、若い衆の前に置いて顎《あご》で指図する。若い衆がそれを手で持って僕たちのところに運んでくる。親父は握ったのを僕たちに直接渡さないわけ。

岸　そんな失礼なの！

『美味しんぼ』7巻第4話「手先の美」より

雁屋　びっくりした。二人で怒り狂って出てきた。悔しいから『美味しんぼ』に書いちゃった。

岸　でも、そういうのをうれしがる客がいるからそうなるの。

雁屋　お寿司というのはそもそも裸の手で握る。考えてみれば不衛生ですよ。いまはおむすびをつくるんだって、ビニールの手袋をしてなんていうぐらいでしょう。裸の手で握って、それを出す。ということは、握る人と食べる人の間に心のつながりがなかったら食べられたもんじゃないですよ。職人の気持ちと食べる客の気持ちがつながらなかったら、寿司という料理が存在しないよね。

だから、威張っている親父とか、へんてこりんなことをする親父っていうのはもともと寿司の心がわかってない。寿司の心っていうのは、親父が目の前で裸の手で握って、それを「はい、どうぞ」って出し、それを食べるに尽きる。威張ったり、客あしらいの悪いようなことをするなんて、寿司の心構えが基本から間違っている。

岸　寿司屋を開く資格がないね。

雁屋　そんなやつにやってもらうんだったら、器械で握ってもらった方がまだいいね。威張ってる寿司屋とか、偉そうな寿司屋なんて、最初からだめ。たとえば何を食べたらいいか、わからないお客さんがいるでしょう。僕はお寿司屋さんに行って、いちいち、あれを握って、これを握ってと言わないんです。面倒くさいから。「適当においしいの握ってちょうだい」って言うと、こっちの顔色を見ながら、この人はいま何を食べたいんだろう、どれがいいかなあ、これを出したのはちょっと失敗だったかな、みたいな「あうん」のやりとりが生まれる。それがないような寿司なんか、食べたってしょうがないですよね。回転寿司で食った方がよっぽどいいですよ。

客を見下さないのがいい寿司屋

岸　寿司屋は値段がわからないっていうのも大きいのよね。

雁屋　そういう点では、「久兵衛」っていうのは立派な店ですね。あるとき「久兵衛」に行ったら、隣に台湾から来た若い女性が座ったんですよ。その人が僕の妻に「このお店は高いんでしょうね」って聞いてきたのね。彼女は日本の留学生なんだけど、あちこち食べ歩きをしてるんだって。お寿司はここがおいしいって聞いて来たらしいんだけど、値段がわからないって言うのね。

それで「予算を店長に言ったら、店長がその予算の範囲内でやってくれるから」って教えてあげたら、「一万五千円でお願いします」と彼女は言った。そうしたら、店長がいろいろ握ってくれて、かなり出たところで、「そろそろです」って。それはすごく感じがよかった。しかも、その人が台湾から来てる人だって言ったら、ネタの説明もちゃんとしてくれてね。銀座の「久兵衛」といったら、派手で高くて、お金持ちがたくさん行くみたいな印象があるけれども、お客に対する基本的な姿勢はきっちりしてますよ。

岸　成り上がりと違うのよ。

雁屋　威張ったりなんか絶対しないもの。そこにいる店員が全部そう。あそこは八十人か九十人いるらしいけど、その一人ひとりの客あしらいがすごくいいですよ。威張ったり、つんつんしたり、ネタがわからないのかなんて客を見下したりすることはない。そっちから全部ネタを説明してくれるもの。それが当たり前だと思うんです。

寿司職人には美しさを求めたい

雁屋　僕は漫画で書いたんだけど、寿司屋が十年、二十年やってて、なぜ一回でご飯の量が決められないのか。寿司屋は握るとき削るでしょう。

岸　そんなのいる?

雁屋　みんなそうですよ。

岸　私が行く寿司屋は大丈夫よ。それは見えないだけか。

雁屋　みんなそうですよ。こうやってメシを握って、タネを乗せて、合わせた瞬間にメシが多すぎたって、削るわけだ。それが僕、嫌でね。

美しいっ!!
初めてだよ、握る姿が美しいのを見るのはっ!!
ほんと!! 今までの人と比べるとなぜか品がいいのよね!!
おいおい、何の騒ぎだい？
すみません、親方……もう一度やってみせてくれませんか。
いいけどさ、何だってのいったい？
20

『美味しんぼ』7巻第4話「手先の美」より

岸　へえ、気がつかなかった。

雁屋　そう。メシを削らないっていうのが僕にとって一番大事なことで、寿司職人が美しいかどうかは、そこで決まる。浅草の「美家古」の旦那。「久兵衛」のオークラ店の大沢さん。この二人が抜群に美しい。

岸　寿司メシで思ったんだけど、この頃、シャリは少なくっていう注文が多いんですって。私自身もそうなのね。でも、ある程度のシャリがないと握りにくいと思う。で、握って落とすのかもしれない。

雁屋　逆に、やたらとでかいネタがいま流行ってるでしょう。「おひきずり」というんですって。ご飯の両側にべたっとタネがひきずる。

岸　あなごを一本付けするところもあるわね。

雁屋　銀座にいつも行列が二重にできている寿司屋があるのね。食べてないから味はわからないけど、とにかくその見た姿がすごいんですって。ご飯のネタが両側にたれさがってる。ご飯の長さの倍以上のネタ。

岸　でも、お寿司っていうのは、シャリとタネのバランスがおいしいのよ。大きすぎてもおいしくないし。

雁屋　そんなもの一口では食えない。

岸　汐留の電通本社のビルの上に「すし善」というお店があるの。ここは札幌で小さな、十坪ぐらいの店から始めたんだけど、「東京に出てこい、出てこい」って言ってたのが、やっと娘婿が出てきたのね。先日のこと、滋賀県の長浜に行って、そこの寿司屋に入ったら、割とおいしかったんだけど、そこで「回転寿司が多くなったわね」って話をした。そうしたら、「この間、すし善の親父さんに言われたんです」と。ときどき若い衆向けに講演会なんかしてるみたい。

外国に行って「回転寿司と、普通のお店のカウンターでのお寿司はどう違うんですか」って聞かれたら、「回転寿司はお客様のためだけれど、カウンターで向かい合うときは、あなたのために握ります」というセリフだったたって。なるほどうまいなと思った。

雁屋　回転寿司は誰のためだかわからない。ただ、握ってるだけでね。さっき言ったように、お寿司というのは、握る方と食べる方の気持ちがちゃんとしていなかったらどうしようもない。繰り返しになるけど、威張ったりするやつは最初から寿司屋の資格がない。何を考えて威張るのか。自分のを食べてもらうのに。

岸　ワインまで押しつけるなんてもってのほかよ。

3 すばらしい料理人とは

パリの三ツ星レストランの誇り

雁屋　寿司屋の話と関連してくるんだけど、料理人は客を喜ばせてなんぼ、のものでね。客をもてなすということで僕が一番感心したのは、パリの三ツ星レストラン、「タイユヴァン」。そこへ友人と行って、途中でお皿を取りかえたんですよ。そうしたらマネジャーがとんできて、「そういうことをするから日本人は……」と言って、その皿を下げてしまった。どうするのかと思ったら、最初のときと同じきれいな盛り付けにしてもう一度、出してきた。それが店の誇りなんですね。

岸　取りかえっこしちゃいけない？

雁屋　取りかえっこしてもいいんだけれど、食いかけのやつを別の客に食べられるのが嫌だっていうわけ。食いかけのを持っていって、もう一度きれいに盛りつけし直して持ってきたものね。

「なるほど、名店というところはこういう心遣いをするんだな」と。こっちがフランス語をわからないと思って、文句は言ってるんですよ、日本人はすぐ取りかえっこするから嫌なんだ、と。もしかしたら、足したりもしてるんですよね。あれが名店の誇り、心構えなんだな。あれがほんとの接客なんですよ。

岸　私たちは商売柄、たくさんいろんな種類を食べたいってつい取りかえっこするのよね。だけど、マナーとしては嫌がられる。

雁屋　昔、パリの三ツ星レストランで「ルカ・キャルトン」という名店があって、アラン・サンドランスがやっていた。そこであるときオマールを食ったら臭かったんですよね。「このオマール臭くて食えないよ」って文句を言ったら「すみません」てシャンペンを持ってきたんですよ。「冗談じゃない、シャンペンを貰おうって言ったんじゃないよ。一週間後にパリに戻ってくるから、そのときにちゃんとしたものを食わせてくれたらそれでいい」って言った。一週間後、予約の時間に行ったら、店の前にマネジャーから店員がずらっと両側に行列をつくって僕のことを待ってましたよ。

岸　すごいじゃん。

雁屋　ようこそ、ムシュ・トツカって。それで今度は満足。それもアラン・サンドランスの「すみませんでした」っていう誠意の見せ方ね。それが僕は本当の料理人の心遣いだと思う。一度まずいって言われたら、絶対にそれを取り返すだけのことをしなかったらだめなんですよ。

岸　お店の評判を落としますからね。

雁屋　一度まずいと思われたらたまらないという誇りですよね。それがすごいなあと思いましたよ。もう十何年も前だけど、その頃のパリの三ツ星レストランの料理長は心意気がありましたね。

おいしい料理人ほど、くせがある

雁屋　僕がいままで会った料理人というのは、非常にすばらしい料理をつくる人間ほど、くせが強い。

僕はほんとに「京味」の西さんを尊敬しているんだけど、西さんは気難しくて、気持ちが先に出る。とにかくさっさっさっとやる人で、弟子がのろのろしてるのが気に入らない。つまり、普通の性格だったらああいうすばらしい料理はできない。自己主張がきちんとあって、こうでなきゃいけないということに命を賭けちゃうもんな。僕たちはわずかな違いだからいいんじゃないかと思うけど、本人にしたらだめなんだ。わずかな違いでもそこに本気で体を張っちゃう。とにかく新しい料理を創造することは普通の人間じゃできないね。作家と同じです。

岸　料理人というのはおいしいものをとことんつくる人。鎌倉で洋菓子店を開いているホルトハウス房子さんは、自分が気に入った材料を使って独特の方法でつくったチーズケーキを一万二千六百円で売っている。材料を吟味して、納得したものをつくってから、値段を決めるわけね。

雁屋　料理人で言うと、もう亡くなっちゃったんだけど、箱崎の「鯛《たい》ふじ」の親父さん、この人の料理はおいしかった。鯛のかぶと焼きが自慢で、僕に自分の一代記をペンで書いてくれたけど、この人もすごかったね。

岸　私もよく行った鯛屋の出なのよ。

雁屋　それが自慢で、とにかく鯛の頭の一番いいのをいつもとるわけだ。これは大変なことなんですよね。養殖じゃ嫌だっていうんだから。ちゃんとした鯛の頭だけなんて、なかなか手に入らない。それを焼いて、日本酒をかけて出す。その前に京都料理をまず前菜として出すわけだけど、一生をそういうものに賭けちゃった人っていうのは、ほかのものは全然構わないね。まず鯛の頭を考える。いい鯛を手に入れて、それを串にさして炭火でうまく焼く。そこに全神経を集中しちゃうんだもん。

それから香港の「福臨門」。ここは豚の丸焼きがうまいんだけど、これは子豚を開きにして、刺股《さすまた》で焼くわけです。その焼く職人が上手なんですよね。職人はそれに賭けていて、それしかしない。鍬《くわ》みたいな、シャベルみたいな長い柄のついた先に二股の差股がついてるの。それに開きにした子豚を刺して、畳二畳か三畳もあるような火床の上に炭を入れて、それにかざして焼くわけ。だから、子豚の皮がサクサクになる。

岸　おいしそうね。

雁屋　よその料理屋で子豚の丸焼きの皮を食べるとパリパリする。パリパリじゃだめなの。サクサクでなきゃ。脂は全部抜いて焼く。中国にはもっとすごい料理人がいて、魚を蒸すチンジャオ(清蒸)、それ専門の料理人がいるんだから。そいつは魚を手に持って、こう測って蒸し時間を決める。それだけをやる料理人がいる。

岸　さっき、あなたが「いづう」のご飯が固いって言ったけど、ご飯を焚いて、寿司メシだけ合わせる専門のおばさんがいたの。私が取材したときは、もう二十年ぐらい前だけど。お寿司を混ぜているのに、しゃらしゃら音がするのね。合わせ酢を何回かに分けて入れ、順々に吸わせてなじませていく。一遍に加えるとご飯粒がお砂糖でコーティングされて、お酢の味がなじんでいかない。だから少しずつ行くんだって。

雁屋　その人もそればっかり?

岸　そう。せりふも決まってるわけよ。「衣擦《きぬず》れの音のようです」。そうやって、やわらかい寿司メシができるわけ。

料理人に対する感謝の気持ち

岸　いま料理屋に「野菜料理をつくれ、つくれ」と言っても、たいしてお金にならないからつくらないわよね。だけど、料理屋はいい材料を買ってきて出せばいいわけでしょう。でも野菜は値段がわかっちゃうから、あえてやろうとは思わない。それを昔の客は、「今日は野菜料理がよかったね」と言ってチップを置いていったんですって。ずいきのあえものでもいいし、竹の子の煮たのでもいいし、それがよかったって。

私が担当した初めての料理本は『日本料理の基礎』『西洋料理の基礎』『中華料理の基礎』だったんだけど、日本料理のときに、築地の田村平治さんが、「料理屋は煮方でもつ」と言ったのね。つまり、味よ。煮物でも吸物でも。花板っていうのは親方がやるんだけど、一番難しいのは煮方だって。そういえば「常盤屋」って永田町の政治家御用達のお店があって、私が取材したときの煮方が道場六三郎さんだった。

雁屋　ただ、チップの置き方が難しいんですよね。

岸　昔は板長が呼ばれたの。

雁屋　いまはそういうこと、なかなかできないもんな。チップをあげたいなと思うときはあるけれど、いまそういうことをしてる人がいないし、いつもチップを入れた袋を持っていればね。

岸　ポチ袋は男は持つな。要らない。

雁屋　男は持っちゃいけないの？　でも裸で金を渡すのはなんか嫌だし。あれは難しい。

岸　私はポチ袋がないときは「裸でごめんなさいね」ってあげちゃう。ポチ袋を持ってますけどね、普通は。

雁屋　山口瞳はいつも持ってるって書いてあった。うちでやるときは、うちの奥さんが慌てて

岸　懐紙でもいいし。

雁屋　懐紙なんかないから、ティッシュペーパーで包んですっと渡してる。しょうがないじゃない、懐紙なんか持ってるような世代じゃないんだから。昔の人は和服を着ていたから懐紙を持っていたけど、いまの人間は懐紙は持って歩かないな。僕は原稿用紙に包んで渡したこともある。

料理人に対する感謝の気持ちといえば、僕はいいワインを飲んだときは必ず残します。赤のいいワインなんかは残すとオリになっちゃうから、必ず一杯とってあげる。

岸　残すというのがマナーなのね。ソムリエが味見をするから。

雁屋　そうじゃないとソムリエが進歩しない。

岸　ウイーンでそういう話が出たのよ。ソムリエ世界一になった田崎真也さんにウイーンの人が

「どこで修業したんですか」って聞いたの。彼いわく「ホテル西洋銀座」だって。あそこはサウジアラビアあたりの偉い人が来て、いいワインをいっぱい注文してくれる、それで覚えましたって。田崎さんはあそこのソムリエをやっていらしたの。

店と客の関係もずいぶん昔といまでは変わりましたね。昔は、仲居さんが「もうそろそろご飯です」と言うと、そこでお釜に火をつけるとかした。食事の進み具合を見る、そのために仲居がいたんですって。だから、ほんとの炊きたてのご飯。いまでもお茶席がそうですからね。

客が卑屈になる必要はない

雁屋　昔といまの決定的な違いというのは、昔の客は料理人を決定的に自分より下に見ていた。使用人以下とかそういう意味で。そこに行って、店のやつに威張られるとか、そんなことはあり得なかった。ただ昔、東京にやたら威張る天ぷら屋があったそうです。そこはちゃんといい材料があるのに、きょうはいっぱいです、と断わるとか、そういう話だったな。それは贔屓《ひいき》のお客が来るのを待ってる。

岸　一見《いちげん》はだめと。

雁屋　一見はなかなか通してくれなかった。そういうことはあった。だけど、いまと全然違って、料理人が客より上ということはなかった。

岸　昭和三十年頃だってなかったですよ。だって私が主婦の友社に入ったとき、同期の男の子は、私たちが電話をかけて「田村先生、いらっしゃいますか」って言ってたら「へえ、料理人のことを先生って呼ぶの」と言ったわよ。編集者がそうでしたからね。

ところがいまは客が卑屈になっていて「お水いただけますか」みたいな言い方をする。「お水ください」でいいのよ。でもこれは食べ物屋だけじゃないわね、なんでもそうでしょう。要は日本語がおかしくなってるの。いちいち、させていただきますって言うでしょう。羽田で小さな飛行機のときにバスに乗るじゃない。そのとき「混んでまいりましたので、詰めさせていただきます」って言うのよ。

雁屋　なんですか、それ？

岸　「私たちはソーセージじゃないわよ」って言ったの。中までお詰めくださいとか、お願いしますって言うべきでしょう。

雁屋　言葉を知らないんですねえ。

岸　間を置くのよ。「よろしゅうございますか」って言うじゃない？　注文を取ってから「では、これでよろしゅうございますか」って。あれも変よね。それから「チケットを見せていただけますか」と言うから「私が嫌だって言ったらどうするの」って言ったの。「見せてください」でいいのよ。

雁屋　僕の友だちが「○○くれますか」って店のやつに言うから、「お前、そんな言い方ないだろう。くださいって言えよ」と言ったことがある。嫌だって言われたらどうするんだって。

岸　それからお店に注文をつけるとすれば、たとえばお客さんが「これ、何のたまご？」って聞いたら、シャケだか何だかパッと答えられなきゃいけないわね。「さあ、聞いてまいります」っていうんじゃ……。

雁屋　みんなそうですね、答えられる人がまずいない。

岸　だから私は、店のオーナーに言うの。ちゃんと答えられるよう教えておいてって。

雁屋　店の人間に食べさせておかなきゃいけないんです。食べてませんからね。

岸　そう。今日の魚は何、お刺身は何と何、ぐらいまではみんな言えるんだけど「この青いの何だろう、食べたことないんだけど」って言うと「聞いてまいります」なのよね（笑）。

料理人がもてはやされる時代

岸　いずれにしろ、裏方だった料理人がもてはやされるようになったのは、テレビで「料理の鉄人」をやったのが大きいかもしれない。それから、田崎真也さんの受賞でソムリエも、もてはやされるようになった。でも、日本ではまだまだ料理人は尊敬されてないという説もあるの。フランスなんかトック帽という長い帽子をかぶっていたら、つまり総料理長であれば、女王陛下であろうが大統領であろうが、同等でしゃべれる。ホテルオークラの小野ムッシュはシラク大統領と仲がいいのよね。いつも一緒に写真を撮っているでしょう。フランスでサミットのときもトック帽の人がずっと案内してたわよね。

そもそも日本で料理人が客の前に出てきたのは、関西で板前割烹ができてから。私が生まれた年に関東大震災で関東の料理屋がみんなつぶれてしまって、そのあと関西の料理屋が出てきたのよ。銀座の「出井《いづい》」とか「瓢亭《ひょうてい》」ね。

東京には寿司屋ぐらいで、板前が客の前で調理する板前割烹ってなかったわけ。天ぷらはあったの、元が屋台だから。基本的に料理しているときは、客の前ではしゃべっちゃいけないものだった。つばが飛ぶからね。だから板前割烹っていうのは、大震災のあと始まって、盛んになったのは第二次世界大戦以後ね。

雁屋　話はだいぶ飛んじゃうんだけど、板前割烹のときに板がありますよね。みんながカウンターと言ってるんだけど、あれはもともとは何なんですか、日本語ではないんですか。

岸　花板さんとみんなが言うのは、刺身をつくったりする調理場で一番偉い人ね。まな板の前に立つから花板っていうの。だから、板でいいのよ。

雁屋　いや、みんなが食べる席の板、カウンター席って言うでしょう。あれは他に言葉はないんですか？

岸　客席の前はカウンターとしか言わないわね。

雁屋　ほかに言葉はないんですか。それが僕は不愉快なんだな。カウンターなんていう英語を使うのは嫌なんだ。何かないのかしら。それを新しくつくってやろうと思って。カウンターってもともとは勘定台って意味でしょう。本来の意味は、最後にお勘定するところでしょう。

岸　ほんとうね、カウンターは計算するところね。

雁屋　それなのに、なんで食べるところがカウンターなんだ。カウントするわけじゃないのに。だから、新しい言葉をつくりたいと思ってるんです。

コラム………岸 朝子

食品の安全性を問うことの怖さと喜び

主婦の友社に入社して料理記者のスタートをきったのは、私が三十二歳のとき。ことし八十三歳となるので半世紀以上働き続けていることになる。「病人をつくらないための食事の普及」を創立の精神とする女子栄養学園に、単においしい料理を学びたいからとの食いしん坊として入学した私は、いつの間にか創立者の香川昇三、綾夫妻の教えをうけて「食べることの意味」をしっかりと叩き込まれた、というよりも洗脳されたと言ってよいだろう。

主婦の友社から母校の出版部刊の『栄養と料理』編集長に移ったのも、「食生活と健康」の関係をもっと身近な問題として捉えてもらい、病気にならないための食事を実践してほしかったからだ。幸い、私を呼び戻された綾先生は「やりたいことをやりなさい。応援するから。ただし、学校は卒業生の実家だからつぶしちゃ困るよ」と念をおされた。読む雑誌から見る雑誌に移りはじめてカラー頁が増え、判型も大きくなる流れの中で私も活字を大きくしたり、判型を変えたり、自分自身がまず知りたいことをテーマにした。そして当時十万部だった雑誌を倍にすることができた。

日本全国の食生活をとりあげた「日本の食事」、地域を小さく限って料理からお菓子までの店をイラストで紹介した「食いしん坊横丁」など。高血圧、糖尿病など成人病の食事の予防はもちろん、ダイエットのはしりであろう「やせたい人の食事」もグラビア（八頁）で紹介。やせたい人を募集したところ百五十人もの応募があり、大学の栄養クリーニックにと引き継がれていった。さらに当時、話題となっていた食品汚染や添加物の問題をとり上げる「食品公害」というテーマも連載した。とり過ぎると害になるものや安全性に欠けるものを説明し、その対応を読者に知ってほしかったからだ。

しかし、私が編集者の仕事を続けてよかったと思った反面、マスコミというか雑誌や新聞、テレビの影響力の恐ろしさも知った。まずひとつは「カルピスやコーラなどの飲料について」で、私の身内の二歳の子どもが「乳歯の前歯がなくなった」という話を聞き、小児歯科専門医と香川芳子先生（現女子栄養大学学長）に対談していただいた。原因はミルクの時間以外にむずがると薄めたカルピスを絶えず哺乳瓶《ほにゅうびん》で飲ませていたことだった。カルピス自身は私たちが若いころ「初恋の味」としてお中元の人気者だったし、乳酸飲料として腸内のビフィズス菌を増やして健康にもよい飲料である。現にわが家でも常備してあり、息子が小学生のころ作文に、「ボクの家では毎日お母さんがビールを飲み、お父さんがカルピスを飲んでいます」と書いて慌てた思い出がある。

その記事に対してカルピスの創始者三島海雲翁から巻き紙にしたためた、お叱りのお手紙をいただいた。乳首がついた哺乳瓶で無制限に与えたことが悪かったのだ。そのあたりの説明が不足した記事であったと反省した。

もうひとつがインスタントラーメン。昭和三十三（一九五八）年に油で揚げた即席味つけ麵が登場。日清食品の安藤百福会長の発明によるもので、飢えの時代から味のよさを求める時代へと移り変わる入り口であった。続いて四十六（一九七一）年には、お湯を注いで三分待てば食べられるというカップラーメンが出現。その簡便さが人気を呼び、支那そばとか中華そばの呼称もラーメンとなり、多くの人に愛されるようになった。しかし、麵の材料である炭水化物に偏った食べ方で若い世代にビタミンB_1欠乏の脚気の症状が出たり、油脂の酸化や保存料などの添加物の問題を『栄養と料理』の誌面で何回もとりあげた。

しかし、その消費量は年々増加し、二十一世紀を代表する日本生まれの食品となって世界中に広がっていった。日本での消費量は五十四億、アジアをはじめ欧米からアフリカまで広がってその消費量は八百五十六億を超え、一千億になるのも時間の問題となっている。添加物については私たちの提起した問題をクリアし、ＪＡＳ（日本農林規格）によって定められたものだけを使用している。さらに世界的な統一規格コーデックス（ＣＯＤＥＸ）も作成された。世界で認められた安全食品となったことを確認し、編集者としての喜びを味わった。栄養面でも、他の食品に先がけて栄養成分表示を実施している。嬉しいことだった。

コラム……………雁屋　哲

「行列が出来る店」は本当にうまいのか

日本中、どこに行っても目につくのがラーメン屋と寿司屋である。ラーメン屋も寿司屋もない駅前繁華街なんてものは存在しないのではなかろうか。日本人は本当に寿司とラーメンが好きな国民なんだなとつくづく思う。

しかしですね。このラーメン屋と寿司屋ほど難しいものはない。どんな種類の食べ物の店も美味しい店とそうでない店があるが、何しろラーメン屋と寿司屋の場合、その数が他の食べ物屋に比べて圧倒的に多いので、どの店が美味しいのか余計に判断に苦しむのである。

行列をしている店は美味しいのではないかと思わせる。確かに、有名なラーメン屋の前には長い行列が出来ている。

だが、私はひどいせっかちな性格なのでどうも行列に並ぶのは厭だ。すぐ座って、すぐ食べたい。それに、物を食べるのに行列をするのが、何だかとても情けない気がする。よく空港などの手洗いで、大の方の個室が空くのを待って人が並んでいることがありますな。あの列に並んでいる人間の顔は、言うたら何やけど、ちょっと正視するのに忍びないものがある。切羽詰まって切なそうな顔をしていて人間の尊厳なんてものは感じられません。ラーメン屋の前に並んでいる人間の顔も、それに似ているような気がするんですよ。

実は私も、時に神保町の餃子屋の前に並んだりするのだが、その時にはやはり何だか恥ずかしいね。これからがつがつあさましく物を食べる前の顔ってえのは、人様にあまり見せたくないという気がする。

で、ラーメン屋の前の行列だが、実はいつも気になっているラーメン屋がある。その店の前を昼時に通ると必ず長い行列が出来ている。学生らしき若者だけでなく、背広姿の会社勤めの人も少なくない。私は、これはよほど美味しいラーメン屋に違いないと思った。私の甥《おい》の一人がラーメンが好きであちこち食べ歩いているというので、その店のことを尋ねたら、一言のもとに「あ、あそこは駄目」と言う。私は甥のラーメンの評価はかなり信頼しているのだが、あれだけ行列している店が駄目なはずがないだろう、と思った。

ところが、最近、ある本を読んだ。その本は何かの雑誌に連載していたのをまとめたものらしく、評判になった店をあちこち食べ歩いて、本音の批評をするという趣旨なので面白いと思って読んだのだ。すると、その甥が駄目と言った長い行列の出来るラーメン屋に、これ以下の評価は考えられないような評価をしている。単なる印象風の批評ではなく、事細かに麵の状態、スープの状態、作り手の態度、さらにはその店で食べきれなくなって逃げ出した高校生たちの話まで書いてあるので、信憑性《しんぴょうせい》がある。

だいたい食べ物の紹介の本で、美味しいとほめられている店で美味しかった試しは滅多にない。逆に、まずいと書かれていたら、まず間違いなくまずい。それで、私もその店に行くことを諦めたのだが、そうなると理解できないのは、あの長い行列である。本当にまずくてあれだけの行列が出来るものだろうか。やはり、どうしても自分で確かめたくて仕方がない。

　行列の出来る寿司屋というのもありますな。銀座に私の知っているだけでも三軒はある。あれだけたくさんの寿司屋がある銀座でどうしてあの数軒だけが、行列が出来るまでに繁盛しているのか、きっと秘密があるに違いないが、秘密なんてものは秘密にしておいた方がよいので、ここではあからさまに秘密に迫ることはするまい。

　しかしですね、ラーメン屋の行列に若い男女の二人連れが腕を組んで並んでいるのを見ると、ほほ、若くて楽しそうだな、頑張れよ、青春だな、うむ、うむ、とさわやかな感じがするのだが、寿司屋の前の行列でひしと肩を抱き合って俯《うつむ》いて行列をしている若い男女を見ると、なんだか生々しい感じがして、じっくりと観察したいか、目を背《そむ》けたいかのどちらかになるのは、老人性の嫉妬というものなのでしょうね。

　ラーメンはズルズルザパーッ、とすすりこんだ麺がのどをぐいぐい通り抜けるときの快感がたまらない。寿司は握りたてを手にしたとき指に感じるあのじっとりぬめぬめした感触。舌に寿司ダネが触れたときのあの官能的な感じがたまらない。そのラーメンと寿司の感性の差が老人性嫉妬を引き起こすんだろうな。

第4章

食卓から考える日本

1 まな板も包丁もない家庭

沖縄を長寿日本一から転落させた「犯人」

岸　マクドナルドがオープンしたときに「日本人をアメリカ人みたいにしてみせる」って、社長の藤田田さんが言ったんだけど、そう言って開いたお店が、日本人の体格をよくしたならいいわよ。体力は向上しないどころか、心を乱しているわね。マクドナルドには研究所があって、一番先にパクッと食べるところを一番おいしくしたんだってね。

雁屋　ハンバーガー大学ってありますよ、シカゴに。

岸　パクッと食べるところを一番おいしく、脂っこくしたっていう話を聞きましたよ。

雁屋　へえー。それにしても、まずいですねえ。

岸　私は仕事がらいろんなバーガー屋で二、三回は食べたけど、もう食べてない。牛どんは、私は吉野屋が一番いいと思う。日本人の心と健康まで悪くしちゃったのがいわゆるジャンクフードよね。

雁屋　ケンタッキーフライドチキンなんて、ひどいじゃない。

岸　ひどいもんですねえ。

雁屋　あれ一度食べたけれど、骨身にこたえますよ。

岸　沖縄は戦後、ああした食生活に慣れてしまった上に、電車がないから移動手段が車でしょう。それで男性は長寿日本一の座からみごとに転落した。

雁屋　沖縄でびっくりしたんだけど、ステーキハウスがすごく多いのね。

岸　だって、沖縄は占領されていたから、関税なしで牛肉がただみたいな値段で入ってきた。いまでも肉が安い。半分よね、大体。ハンバーグとランチョン・ミートというポーク缶が沖縄の生活習慣病に影響してる。

雁屋　沖縄は前に昆布をたくさん食べてたのに、食べなくなっちゃったんですか?

岸　消費量が減って、広島に抜かれたんですって。というのは伝統料理を食べなくなったから。

雁屋　もったいないなあ。

岸　沖縄の山原っていう、父の出身地の大宜味村《おおぎみ》は、世界一長寿といわれるところで、百歳老人がごろごろいる。しかも、しゃんとして一人で暮らしてる。その地域の小学校の学校給食で伝統料理、ゴーヤーチャンプルとかクーブイリチィとかを出すと村の子どもたちは喜んで食べるけれど、那覇や首里など都市部の子どもたちは食べないで残すんだって。親がつくっていないから。

雁屋　給食に出しても食べない？　チャンプルを。

岸　そういうことを村長さんが言ってたけど、その村長さん自身は糖尿病なの。移動は車だから運動不足。さらにビフテキ食べてるから。

アメリカ式食事で健康になれるのか

岸　昆布を食べなくなって、ハンバーガーとかフライドチキンばっかり食べる。アメリカと同じようにしていれば間違いなく病気になるのに、アメリカのやり方で健康になりましょうっていうのが、いまの「ファイブ・ア・デイ」。だから私は怒り狂ってるの。

雁屋　何デー？

岸　これは機密になるかもしれないけど、私は、果物と野菜の青果物健康推進委員会の会長をやってるんです。これは農水省から出る補助金とJAなどが入ってやっています。そこで「ベジフルセブン」というスローガンをたてて、フルーツ二皿にベジタブル五皿で七皿食べる。ベジタブルは七十グラムずつが五皿で三百五十グラム、これが一日の必要量。果物は百グラム二つで二百グラム。そういう運動をしている団体の会長をやってるのね。

それでもう一つ、「ファイブ・ア・デイ」というアメリカ産のスローガンがある。これはファイブサーブ、サーブはサービスから来ている。果物と野菜で一日に五皿食べる。この二つのスローガンに対して、四年前に農水省から毎年一億円出るようになって、今年は少し少なくなったという話だけど、五千万円ずつ分けているんです。アメリカ型の食生活でみんな病気になってきてるのに、なぜそんなことをするのかっていうのが私の意見。

雁屋　その「ファイブ・ア・デイ」の方も委員会か何かですか？

岸　ある人によると、パイナップルのドールが持ち込んできた話なのよね。

雁屋　みんながそれだけの野菜を毎日食べましょうっていうこと？

岸　そうそう。香川式でも、野菜は緑黄色野菜を含めて三百五十グラム、果物二百グラムといっているんですよ。

雁屋　そんなに食えないなあ。

岸　食べられるわよ。おでんの大根一つで百五十は行きますよ。

雁屋　そうですか、そんなものですか。三百五十グラムっていうとすごい量だって思っちゃうけど。果物二百グラムっていったらどのぐらいですかね。

岸　リンゴの中一個が二百以上あるわね。正味二百あります。温州みかんの大きいのだったら二個。ところがそのみかんをいま食べないんだって。皮を剝くのが面倒くさいから。その話をしたら、青果物の卸のおじさんが「岸さん、いまの女の子の爪じゃみかんは剝けないよ」って。確かにネイルアートとかいってね。だからみかんはバナナに消費量で一位の座を抜かれたらしい。それにいまの若い子は、栄養大学の試験に受かった子でもりんごの皮が剝けないっていうのね。

雁屋 りんごの皮をくるくる剝くの、オーストラリアでやるとオーストラリア人はみんな驚きますよ。わあー、すごいって。

岸 驚くでしょう。向こうにはりんごの皮を剝く器械があるのよ。

雁屋 彼らはりんごの皮を剝かない。モモもそう。ところが、僕は大発見したんです。モモを水で洗って、ついている毛をとって食べると、あの皮が甘いの。

岸 皮を剝かない方がおいしい?

雁屋 剝かない。そのかわり、水で細かい毛を手でこすって取ってから食べると、皮の甘いこと。いままでよくもこんなおいしいものを捨ててたなと思って、何十年来の過去を後悔しました。美味しいんです。それ以来、モモは絶対皮を剝かない。

それからバナナの話だけど、うちの子どもたちがバナナを食べられるようになったのはオーストラリアに行ってからですよ。日本で売ってるバナナってフィリピンとかでしょう。あのへんではどうやってバナナを出荷してるか、知ってますか。

岸 薬をかけるんでしょう。

雁屋　いや、かけるんじゃないの、浸けるの。農薬がたくさん入った水槽の中にジャバーンと浸けて出すわけ。バナナの房全体、隅から隅まで強烈に農薬がついてる。その緑色のバナナを成田でガスむろに入れて黄色くする。だから僕は日本では子どもたちにバナナを触ることも許さなかった。オーストラリアに行ってはじめて、うちの子どもたちはバナナを食えるようになった。オーストラリアはすごく優秀で、完全な有機栽培のバナナを売ってるんですよ。

岸　オーストラリアはほんとにうるさいわよね。

雁屋　うるさいですよ。有機栽培のバナナは先に赤い色ロウを塗ってあるの。それはとっても安全。

岸　どこかで買って貼るわけにいかないんだ。日本だとみんな貼ってあるでしょう。それよりもっと言いたいのは、サプリメント。オーストラリアはどう?

雁屋　たくさんあります。僕もたくさん使ってます。最近は使ってないけどね。前は食事のたんびに手のひら一杯ぐらい飲んでた。

岸　私もビタミンCとB。Cはたばこを吸うから、Bはお酒を飲むから、B_1が必要でしょう。それぐらいで、あとは何もしてない。だけど、アメリカ人が自然回帰になってきて、サプリメントをやめて野菜を摂るということで、野菜の消費量が増えてるの。サプリメントの余ったのを日本にもってきたい。いま日本はアメリカのサプリメント攻勢を受けてるの。

雁屋　あんまり効かないんだよな、サプリメントなんて摂っても。

岸　効くも効かないも、キャリアウーマンがご飯を食べる時間がないからってサプリメントで済ませてる。大塚製薬のカロリーメイトってあるじゃない？　あんなので済ませちゃう。そうすると、結局心が満たされない。食べたという実感もない。生理不順になってる人が多いんだって。それから、もちろん食物繊維を摂らないから、便秘が二週間続いてるとかね。

出来合いのお惣菜で失われていくもの

雁屋　それにいまの若い子はコンビニの弁当を食って、コンビニのお菓子を食べているでしょう。このあいだテレビで見た映像はすごかったなあ。若い女性のひとり暮らしのアパート。台所に包丁一本ないし、調理器具は何もない。

岸　まな板もない。

雁屋　そう。どうするかというと、帰りにコンビニで買ってきた弁当をそのまま食べる。実に無残な光景でしたね。

岸　包丁のない世帯が、十年ぐらい前に二〇％だと聞きましたね。

雁屋　お惣菜がありますよね、出来合いのお惣菜。

岸　デパ地下もそう。十年ほど前に木村太郎さんと対談したときに「日本では料理をつくらない人が増えているから、それをなんとかしたい」と言ったら「岸さん、そんなの無理ですよ」って。「なんで?」って聞いたら、ある食品メーカーは「日本中の家庭からまな板と包丁を追放する」って言ってるんだと。

雁屋　なぜそんなことを言うんですか?

岸　全部の食品を既製品にするって。それをいま進めてるのが、ロック・フィールドの社長の岩田さん。三十種類の野菜のサラダなんていうのを提供してる。東京都の栄養士会が「いまの食生活を考える」という企画の討論会を開いて、私は岩田さんとパネラーをやったことがあるんですよ。岩田さんは関西から始めて、最初は高級料理のデリバリーをやってたらしいのね。それが神戸コロッケかな、あのへんで当てたらしい。

彼の話を聞くと、お母様が働いてらしたんですって。だから、家に帰るとすぐご飯の支度をするじゃない?　それよりも僕は抱き締めてほしかったっていうのね。いま女性が働いているから、家に帰ったらすぐにご飯が食べられるようなものをつくって売りたいというのが彼の理念なんですって。そんなことを言うなら、私なんか四人いてもちゃんとつくっておいたけど。

雁屋　抱き締めてほしいっていうのはわかるけど、おいしい料理で心が膨らんだ方がずっと楽しいと思うけどな。抱き締めるなんて一分か二分でいいじゃない。十分も抱き締められてたまるかい（笑）。一、二分抱き締めて、十五分か二十分でご飯はつくれるでしょう。

僕はアパートに一人住まいしたときに出来合いのお惣菜を買ったんだけど、だめねえ。甘くて、しかも化学調味料がドボッと入ってるから、とてもじゃないけど一口か二口でおしまい。たしかに便利だし、抱き締める時間もとれるかもしれないけど、なんだか、人間の大事な心を失っていくような気がする。

岸　失いますよ。心だけならいいけど、体力も健康も失っていく。

子どもたちにお茶の入れ方を教えよう

雁屋　それからいまは、ペットボトルの中でお茶が一番売れてるんだそうですね。

岸　今日『東京人』の取材があってお茶の話だったんだけど、この頃、若い人はペットボトルのお茶しか飲まないっていうのね。「岸さんのおうちはどういうふうにお茶を飲むんですか」っていうから、お客様が見えたときはお煎茶、ちょっと上等なお客様とか何かがあったときには玉露を出す。それから我が家では食事のあとは、昔からほうじ茶なの。お茶漬けなんていうときは煎茶にすることもあるけど、基本はそんなもの、という話をしたわけ。お茶について一番言いたいことは何ですかって言うから、「お茶を丁寧にいれよう。それは料理をつくるのと同じで、人を喜ばす、もてなしの心よ」と格好いいことを言ったんだけどね。

私は、三井農林さんが葉っぱだけ卸してる千円ぐらいのお茶の袋に、にっこり笑って「おいしゅうございます」というキャッチフレーズで出ているのね。それで、寒いときに宅配を届けに来たおにいちゃんに「お茶いる?」と言ったら「はい、いただきます」って言うから、紙袋を出したら「あ、葉っぱですか」って言うのよ。「そうよ」って言ったら、「じゃ、いりません」と言う。「どうして?」と言ったら「お茶をいれる道具がありません」。「ばかね、あなた、お鍋だって入れられるのよ」って言ったけど「結構です」って帰っちゃった。湯呑み茶碗と急須がない家も増えている、ということね。

雁屋　ペットボトルのお茶でいえば、昔、僕たちの若い頃は、お茶は夜を越しちゃいけないっていわれてたでしょう。宵《よい》越しのお茶はいけないって。

岸　それは葉っぱにたんぱく質があるからよ。たんぱく質が腐敗するっていうことがあったわけね、暑いところなんかだと。

雁屋　そういうことだったのかなあ。とにかく毒だから前の日のお茶は飲んじゃいけないってよく言われた。それなのにペットボトルなんか、どうなってるんだろう?

岸　だって、あれはもう葉っぱがないから。

雁屋　漉《こ》したあとのお茶もいけないって言ってたけど。

岸　漉したものは別に関係ないと思うの。というのは、いま玉露でも水でいれて冷やす、ひと晩おいてっていうのがありますからね。

雁屋　僕なんか子どもたちにお茶のいれ方を徹底的に教えていますよ。

岸　それはいい。

雁屋　最初に、いきなりお茶を入れちゃだめだと。熱い片口にお湯をとってさます。

岸　玉露は六十度。

雁屋　僕は五十五度ぐらい。自分でいれた、とろりとしたのは娘たちに必ず飲ませて、味を覚えさせる。

岸　アミノ酸の旨味があるからね。

雁屋　僕はお茶は二番は煎《せん》じないんですよ。一回煎じたらすぐ捨てちゃう。娘たちは、「お父さん待って。もう一回、私たちが次飲む」って言うけど、だめって。一煎しかしないで捨てちゃうの。

岸　ああ、もったいない。お茶殻も食べたのよ、戦争中は。

雁屋　いや、うちの母は静岡出身でね。お茶も伯父が毎年一番いいところをくれたの。それは針のように細くて、真っ黒でね。濃い緑で黒く見えるんですよ。あんまり柔かい葉を手で揉むから、ところどころ葉っぱと葉っぱがくっついてお餅みたいになるの。それをお茶の餅っていうの。

岸　へえ、初めて聞いた。

雁屋　それができるのが一番いい、おいしいお茶。さらに、そういういいお茶をいれると、表面に埃《ほこり》みたいなのが浮かぶの、うぶ毛が。

岸　そうなのよ。結婚して自分でお茶をいれたら、埃が浮いてると思って捨てちゃったの。怒られた、怒られた。

雁屋　いいお茶でなければうぶ毛は出ないんですよ。いいお茶の証拠なの。一度漫画に書いたんだけど、僕の甥っ子が修学旅行で京都に行って、新京極のお土産屋さんで、高校生としては奮発して千円も出してお茶を買ってきてくれたんですよ。これがひどいもんだった。緑色の色をつけてあって、さらに味の素、化学調味料で旨味をつけてある。僕はそのとき、思わず「なんだ、これは！」って言っちゃったんですよ。あれがいまだに心にひっかかってる。甥には悪いこと言っちゃったな、奮発してくれたのにって。それに腹が立って漫画に書きましたけどね。

『美味しんぼ』4巻第8話「茶の味わい」より

2　食卓は教育の場である

家族そろって食べる、という楽しみ

岸　「食卓の崩壊は家族の崩壊」ということを、私は二十年ぐらい前から言ってるんです。そうしないと、食文化の伝達もないわけよ。「肘《ひじ》をついて食べちゃいけませんよ」とか「ベチャベチャ音をたてちゃいけませんよ」とか、「いただきます」「ごちそうさま」の挨拶。それから年寄りをいたわるってこともね。

雁屋　最近の子どもたちの、物を食うときの汚いこと。要するに、きちんとしたものをきちんとしたところで食べたことがないんでしょう。家でちゃんと食べていればあんなことにならない。

岸　家でも一人で食べてるっていうんだから。タクシーの運転手がボランティアで非行少年の施設に行って面倒をみてるんですって。それで非行少年に絵をかかせると、みんな壁を見て食べてるというのね。しかもちゃんとしたご飯ではなくて、インスタントラーメンとか、コンビニのお弁当とか、食事になってないようなものばかり。食べ物というのは、お腹がすいたから食べるだけじゃなくて、プラス心を満たすものなの。心が空しくなってるのよね。

雁屋　食事の楽しみを知らないんだな。食事の楽しみっていうのは食卓を囲んでみんなでわいわいやること。食べ物の楽しみと食事は違うものね。

岸　食事は食べる事なのよ。

雁屋　食事にはみんなで一緒に食べるという雰囲気も入っている。

岸　会話も。だから、テレビは消して。

雁屋　それを食事っていうんだ。そうでなくて、単にエサを食うだけなら「食事」とは言わない。イヌやネコが食べても食事とは言わない。

岸　餌《えさ》って食へんに耳を書くでしょう。それじゃいけない。食べる事なのよ。

雁屋　動物にエサを与えるのは給餌《きゅうじ》っていう、それだな。だいたい家に帰ってきて母親がトントントンとまな板を叩いてる音を聞くと、ほっとしたものですよ。

岸　うちの父はアメリカに行ったり、出張も多かったりでほとんど家にいませんでしたけど、いるときは、まず父親が座って「いただきます」と言うまでは食べられないという序列がありました。

私が結婚してからは、主人は兵隊さんだから揃うまで「いただきます」を言わないわけよ。私は仕事がのろいから、ついお味噌汁をあっためて、とか思っていると「何してる」と言って怒る。みんなが揃って「いただきます」と言うのが家族だと。

雁屋　いまでも僕のうちはそうです。

岸　お父さんが座る席は決まってる?

雁屋　もちろん。食事の支度ができると僕を呼びに来て、みんなが席についたところで、長方形のテーブルだと端の一番いいところに僕が座る。「じゃあ、始めましょう」と言って「いただきます」。

岸　それでいいんですよ。

雁屋　それはずっとうちは守ってます。

岸　普通の家庭はそうだったわけね。ところが、いまはそれがない。道場さんに朝ご飯の聞き取り取材をしたとき、家族揃ってみんなで「おかわり」「おかわり」と食べた。道場さんは六人きょうだいの一番下、男の子で三番目だから六三郎っていうんだけど、「おかわり」「おかわり」でお母さんは食べる暇もないくらいだったって。私の育ったころはおかげさまで、お手伝いさんが座っていてお盆で「おかわり」をしていたけど、そういうふうな家族揃って食べるという食卓があったわけ。いまは家族がいてもばらばらで食べる。

雁屋　うちは長いあいだ、妻の母が一緒に暮らしていてくれたんです。晩ご飯のときに、一緒に食事をしますね。そのときは、まずおばあさまから、なんです。そうしなきゃいけないことになってる。そして、僕が妻の母に対して、丁寧語、敬語を使うでしょう。だから、うちの子どもたちも自然に丁寧語、敬語を使うようになった。次男が小学校の四、五年になったときに、それまで子どもの言葉で妻の母に話していたのが、いきなり「おばあさま、これ召し上がりますか」って、僕と同じようなことを言い始めたんです。それからずっと「おばあさま、〇〇ですか」と丁寧語で通してました。あいつは僕が話すのを見てて、そういうふうに話すものだと思ったんでしょう。最後まで型を崩さずにきちんとやってました。

いまでも日本から電話がかかってきて、うちの子どもたちが出ると「父はいま留守にしております。どなた様でしょうか」ときちんと言うわけ。それは食卓での教育ですよ。おばあさまを相手にしてみんなで話をする。そのときの会話のやりとりでもって、子どもは自分の地位、場所がわかるわけです。どういうところに自分がいて、どういう立場にあるのか。そういうことがわかるから、それ相応のきちんとした対応をしなければいけない。食卓というのは、実は大きな教育の場だったんですね。食卓で会話がなくなったら、家庭なんてつまらないよ。

岸　ホームでなく、ハウスになるわね。

うどんとそばは音を立てて食え

岸　Ｃ・Ｗ・ニコルの息子と一緒に料理したときに、ジャガイモの芽を一生懸命取ってたのね。「いま日本はジャガイモの芽は大丈夫なのよ」と言ったんだけど、「僕はおじいさんから習った」って答えた。イギリスでは台所が教育の場所だったの。

雁屋　うちの子どもたちはかつぶしをかくのが当たり前になってますよ。僕が具合悪くなってておかゆを食べるとき、おかかが必要でしょ。そうすると、次女が花びらのようにふわっと上手にかいてくれる。

岸　刃はどうやって磨くの？

雁屋　僕が研ぎます。外して、砥石《といし》でシュシュシュシュと。指にきりきりっと当てて。それをするとしないでは大違い。

岸　娘の友だちで甲府にお嫁に行った人が「ねえ、知ってた？　お米って木になるんじゃなくて、草になるのよ」って。東京育ちってそんなものよ。うちのお嫁ちゃんはソラマメを見て「へえ、これがソラマメ！」って。空を向いてるからソラマメと言うのを教えたんだけど、こうした農と食を結びつけて教育する必要性も痛感しますね。

雁屋　カレー粉だって、カレーの実があってそれをすりつぶしたんじゃないですからね。食文化の伝達という点では、イタリアで聞いたんだけど、日本人の観光客が来るとみんな脅威を感じるという。スパゲッティをズーズーと音をたてて食べるから。私の家にもう十年以上一緒に働いてくれてるオーストラリア人の助手がいるんですよ。そいつに「うどんとそばの食い方を教えてやる。うどんとそばは、音を立てなきゃだめなんだ」って言うんです。僕がスパゲッティを食べるときに音を立てるか。音を立てずにきれいに食べるだろう。でもうどんとそばのときには、音を立てなきゃだめなんだ。おまえも音を立てろって言うんだけど、ズルズルッてできないんですよ。最近ようやくジュルジュルぐらいになってね。

岸　吸うってことができないのよ。スプーンでしょう。なんでもお箸で食べちゃうのは日本人だけだからね。

雁屋　いまはなくなっちゃったんだけど、シドニーにいいそば屋があったの。そこに行ったときに、僕がズズズズーって食べたら、店主が出てきて、こんないい音でそばを食べてくれるの誰だって。

岸　赤坂の砂場に中村吉右衛門が来てそばを食べてるのを見たことがある。ほんとに絵になってるのね。私は洋服を汚すと嫌だから、そばちょこを持っちゃうんだけど、ちょこを置いたままでスーってこんな長いそばを一気に吸って、本当にかっこよかった。

ちゃんとご飯を食べさせれば大丈夫

雁屋　それでは崩壊した食卓をどうしたらいいのか、という話をしましょう。僕の父だってものすごく忙しかったわけだけど、土日は父がつくったり、外に食べに行ったりして、家族がきちんとまとまっていた。週に二回、家族がきちんと集まる日があれば大丈夫っていうのが僕の経験から。父がものすごく忙しくて帰って来られないとき、母は土曜日の午後に家族のための茶話会を開いた。そのころ高級だった紅茶をいれてくれて、家族でただのんびりおしゃべりをする。そういう努力をこれからのお母さんたちはしてほしいね。もし、毎晩夕食を一緒にというのが無理だったら、おしゃべりをする時間をつくる。茶話会でいいんですよ。

岸　うちは子どもたちが夜、食事が済んだあと勉強をしたりしてて、九時か十時ごろ居間に集まるわけ。そうすると父が「なんだここは山賊の家か、夜みんなが集まって」（笑）。そういうふうに、みんなが集まる場所も必要。

雁屋　そうですね、集まる場所と集まるときがなきゃね。

岸　うちの場合、私は外で働いていましたけど、子どもたちがうまく育ったのは、ひとことで言ったら、ちゃんとご飯を食べさせたからだと思う。私は夕飯の支度をして出かけていましたから。残業が続いてちょっと手を抜いたりすると、子どもたちが荒れましたね。なんとなくざわざわした。母親が働いていて忙しいというのは、子どもたちにはやっぱりさびしいことよね。私が風邪ひいて寝込むと、下の二人は小学生でよく早退けしてきた。頭が痛いからって。

雁屋　一緒にいたいからだ。

岸　いろんなことがありましたね。でも、食事というのは親が子どもを捕まえておく紐だと思う。それをやらなくなったら家族はばらばらだし、親のありがたさもわからないんじゃないかしら。

3 『美味しんぼ』の基本思想

食に対する二極分化が始まった

雁屋　『美味しんぼ』はなんといっても、基本的に本物を追求してきたわけです。いま社会が二極分化していて、ただ安ければいいというものを求める人と、本物を求める人があらわれてきた。こういうところは、これから心強いと思うんですよね。いったん本物を求める形が出てくれば、いままで安ければいいと言ってた人たちだって、やっぱり本物の方がいいっていうことになると思う。本物の市場がこれからもっと大きくなるだろうと思うし、本物志向をする人たちがもっと増えてくるだろうから、ある意味で楽観的だけど、食べ物の状況は僕はよくなっていくと思う。よくなっていかなかったら困る。

岸　日本は滅びる。

雁屋　これからの状況として前に言った家庭内の食の崩壊とか、そういう問題点はあるけれども、それとは別に、家族全員で本物の食べ物を追求しているという人たちもだいぶあちこち見聞きしてるわけだし、どうも二極分化しちゃってるような気がする。

岸　手づくり料理にこだわる人とかね。

雁屋　そういう人もたくさんいるし、家族で菜園をやったりね。そういう人が増えてきている。崩壊している家庭をもう一度つくり直すような方向に、漫画の力でもっていけるというのは不遜《ふそん》だけど、とにかく、そういう方面を追求していって終わりにしたい。

岸　いやーだ。終わらないで。

雁屋　ほかの本が何を書いてもキッコーマンは文句を言わなかったけれど、『美味しんぼ』は影響力が強いから文句が来た。漫画はたとえば一冊につき百万部とか売れると、五百万六百万の人がそれを見る。漫画はわかりやすくて、そして持続するんですよ。

岸　そうね、インスタントラーメンには味の素が入っている、だから食べさせないっていうけれど、子どもたちは実際に食べてるの。食べていることを認めて、それを炭水化物として一日一回とか三日に一回食べなさい、という方向に持っていかないとね。いつまでも食べてはいけないじゃ、現実の生活と離れた理想論よ。

原則を知って行動しよう

雁屋　ただね、僕の基本としては、この線は守らなきゃだめっていうのをきっちり引いておくわけです。「本物であることをとにかく追求してみてくれ」と。「最初から本物でなくてもいいよ」ということになっちゃうと、何でもいいことになっちゃうでしょう。だから、最初に厳しい原則をつくっておかないといけない。

原則ってものがないと世の中だめなんですよ。ちゃんと原則は心得ているけれども、時にはその原則からちょっと外れなければならない場合がある。それは仕方がない。たとえば僕自身が、原則はああだこうだ言ってるけども、現実問題として、買うときはスーパーで買って食べてるわけですよ。日本にいたときは、いろんな食べ物をできるだけ現地から取り寄せて食べてましたけど、オーストラリアに行ったらそうはいかない。普通のスーパーや日本食のスーパーに行って、日本で売ってるのと同じようなものを買って食べてるわけですよ。ほかに手に入らないから、しようがないいんだけど。

そういうことから考えると、原則はきちんと持っていても、それを崩さなければならないときがある。だけど、原則があれば、必ず原則に沿ったものを探し求めようという努力はするわけですよ。だからいまシドニーではみんなで騒いだりして、有機飼料の鶏や豚が手に入るようになりましたものね。誰かが原則を立てて、騒がない限り、生産者の目はそっちの方に向かない。

岸　売れなきゃつくらないからね。中国でも、日本では減農薬・有機栽培の野菜が高く売れるといって、その方向に向いてきたと聞いたけれど……。

雁屋　原則を知らなかったら、それに対してなんの反応も示せないわけです。だから、意地でも僕の漫画では原則をきちっと通さなかったらだめなんですよ。そこのところは僕の基本線ですね。それを崩しちゃいけない。原則とは何かということを、きちんとみんなにわかってもらわないと困る。そうしないとほんとにだらだらとどうにでもなって行って、わけがわからなくなっていっちゃう。

岸　あげく、何のために生きてるかもわからなくなるの。

雁屋　ものの原則をきちんと定める。生きることもそうだし、何だってそうなんだと思います。これが、僕は『美味しんぼ』の基本だと思っています。これから漫画を書いていく上でも必ずそうしていくし、それを崩すことはないだろう、エッセイを書くときもね。それが僕の生き方そのものだから。岸さんが雑誌に記事を書くのだって、僕が漫画を書くのだって、その人の生き方から外れたものは書けませんよ。急に僕が色っぽいものを書けるわけがないしね。

二十一世紀は日本料理の時代だ

岸　私は「日本に帰ろう」って、この間書いたんだけど、日本はすばらしい食材がいっぱいあって、季節ごとの味もある。食卓にこれだけ季節を感じさせる国ってないと思うのよ。それを食べる調理法がある。おいしい調味料もある。それを食べていれば体にもいい。だからいま私は、「二十一世紀は日本料理の時代だ」って言ってるの。昔は暖房もなくて寒かった。だから、ヨーロッパの人たちは自分の体に脂肪をつけなきゃいけない。アメリカの漫画とか映画で、ふとっていて、パイプをやってるのは金持ちだったけど、三十年、四十年ぐらい前から変わってきて、あいうふうにふとっている人は無知と無教養と貧困のしるしだということになった。

いまは暖房が完備してあるから寒くない。車社会になったから体にエネルギー源の脂肪をたくわえなくていい。というようなことで、カロリーはあんまり摂らない方がいいことになった。だけど、食べるものではつい摂っちゃうのよね。たとえば「料理の鉄人」でフレンチの対決のとき、ある料理人が出した鶏肉の料理に私だけはだめって×にした。なぜですかと言うから、私は「全部バターの味だもの」って答えた。バターとか、ラードの味で決める時代じゃなくなってきたと私は思う。これからは発酵調味料のおいしさね。素材を生かすということになってくると思います。

いままでの脂にかわるおいしさといったら旨味しかないわよ。これまでは「五感五味」といって、甘い、塩辛い、ピリッと辛い、すっぱい、苦いだったのが、そのほかに「旨味」という名前で欧米の人たちにも認められてきた。「ツナミ」と同じく、「ウマミ」という言葉が通用してきたのね。

雁屋　あるんですってね、発見されたのね。

岸　発見されて、認定されたの。だからたとえば、フランスの有名な料理人のジョエル・ロブションはお醤油を使っているってはっきり言うし、お味噌はまだ使ったことないけど使ってみたいと言ってる。お酢も日本酒もみりんも全部発酵調味料でしょう。

雁屋　オーストラリアで「テツヤ」というレストランがあるでしょう。あれも日本のものをたくさん使うわけですよ。彼は調理に絶対動物性の脂を使わない。すべて植物性の油で、バター、クリームは一切使わない。それがまたものすごく受けてるの。あれは日本の味の一つの形でしょう。

岸　昆布なんてほとんどそうですものね。「錦戸」というお店の昆布なんて、スッポンの煮汁でつくったものなのよ。旨味が凝縮されている。

日本文化の広さと深さは誇っていい

雁屋　私も子どもは全部成長したし、来年あたり日本に帰りますよ。日本は景色は汚いし、狭いし、いらいらする。だけど、文化がすごく深い。たとえば本屋に行ったたって、レコード屋に行ったって、その数と種類がすごい。海外のレコードコレクターが言うんです、日本は天国であり地獄だって。日本に来れば、ほかでは手に入らないレコードが手に入る。天国だ。そのかわり、あまりにいいものがありすぎて地獄になっちゃうって。

岸　お金が足りなくなっちゃう？

雁屋　あれも欲しい、これも欲しいと。海外のレコードコレクターが日本にレコードを買いに来るんだって。そういう意味で、日本人の持っている文化に対する愛着心というのはものすごく深い。神田の古本屋を見ても、あれだけすごい本がぎっちり詰まった本屋が並んでるなんて、世界中にありませんよ。ニューヨークに一軒、すごい古本屋があるし、パリにも何軒かいい古本屋があるけれど、神田の古本屋街に及ぶところはない。そして、日本のレコード屋にかなうレコード屋も、どこにもない。

日本というのは、地理で示すと地球の中でほんとうに小さいものだ。ところが、もし文化の面でだけ描いたら、地球のかなりの部分を占めると思う。アメリカ大陸ぐらいは日本が占めちゃう。

岸 私は、日本人がもう少し自信を持つといいと思う。あんまり日本はだめだ、だめだって言い過ぎたから。

雁屋 もちろん食べ物だって、やっぱり一番うまい。オーストラリアでなければ食べられないおいしいものもありますよ。だけど、食べ物全般でいったら、この年になるとやっぱり和食になってくるでしょう。日本のように、暖流と寒流がぶつかってでき上がった、全く自然のいい条件の海なんてないわけだから。そこで獲れた魚は種類も豊富だし、味もいいんですよね。脂がのって。

日本人は他国の文化にすごく興味を示すでしょう。世界中の文化を知りたかったら、まず日本語を勉強すればいい、日本では世界中の文化が翻訳されているからと言った人がいる。そのくらい日本の翻訳文化はすごいわけ。それは、日本のものを捨てて、外国のものに憧れるということではないんだな。諸文明をうまく取り入れて自分たちの形にしていくのが、日本の文化だと思う。たとえば料理だって、熊谷喜八さんのように、外国のものを取り入れて日本の料理にしちゃうでしょう。それが日本の文化のすごさであって、卑下することは何もない。この文化の広さと深さはすごいですよ。

子どもの笑顔とともに酒を飲む幸せ

コラム………雁屋　哲

私は実に無趣味な男で、趣味と言えるものは、読書、オーディオ機器をいじって音楽を聞くこと、映画のDVDを見ること、コンピューターをいじくり回すこと、四輪駆動の車でブッシュを走り回ること、美味しい酒と美味しい食べ物を食べること、くらいしかない。

だから夕食の時間は私にとって何より貴重な時間である。私にとってまず大事なのは家族全員揃っていること。私には子どもが四人いるが、最近は子どもたちも大きくなってなかなか四人揃わないことが多くなった。それぞれに人間関係や務めの関係が生じてきて、夕方の決まった時間に食卓に座ることが難しくなってしまった。四人の子どもたちの笑顔が揃えば他に何もごちそうは要らない。わいわいがやがや、話に花が咲き笑い声が上がる。それが一番のごちそうであって、人生にこれ以上の幸せは、どうもいろいろ考えてみたけれど他に何も考えつかないのである。

しかし、これも人によって違うものであり、夕食は家族とは別に外で一人で取ってから帰宅するという人もいる。私などから見れば、ずいぶん味気ないような気がするが、その人にとってはそれが気分が良いのだから私の口を挟むところのものではない。

私は酒飲みだが、食事の時以外に酒は飲まない。酒は私の食事の一部であって、食後だらだらと飲むことはない。その代わり、夕食の際にはしっかり飲む。飲むと饒舌《じょうぜつ》になる。子どもたちのその日の活動の報告を受け、昔の思い出話、最近面白いと思ったことなど、喋《しゃべ》り飲み食べているとあっという間に二三時間経つ。ところが私は年に一二度酒を断つ。別に健康のことを考えてのことではなく、自分がアルコール依存症でもアルコール中毒でもないことを証明するためにまるまる一ヶ月、時には二ヶ月飲まない。

すると私の食べる速度は異常に速い。すべてのおかずを食べ尽くし、ご飯を一膳食べてそれで五六分で終わってしまう。自分だけ食事を終えて食器を洗い場に運び、口が寂しいので甘いものをくれと妻に催促したり、自分で念入りに玉露などを入れ始めると娘などから抗議が入る。「お父さんのお酒に合わせて私たちも晩ご飯に長い時間をかけて食べる習性が身に付いてしまったのに、そんなに簡単に食べ終わられてしまっては自分たちが困る」というわけである。見ると、子どもたちは三分の一も食事が済んでいない。酒を飲むと二三時間、飲まないと五六分。確かにこれでは調和が取れない。といって、酒を飲まずに、ぐずぐずと物だけを食べることができないのは戦後の貧しいときの後遺症で仕方がない。

だいたい私は早食いなら大抵の人には負けない（あつい汁物は駄目だが）。寿司なんか目の前に握って置かれた次の瞬間、飲み込んでしまう。他の人を観察していると、いま口の中にあるものを飲み込むまで他のものに箸《はし》をつけない。私は違う。口の中に食べ物が入るとすでに次に食べるものを箸に取って口の前で待機させる。従って一口飲み込んだ時には次のものが口の中にすでに入り込んでいる。

そんなせわしない食べ方をするせいだろうか、私は食事を始めると大汗をかく。しょっちゅうハンカチで顔を拭い、扇子で顔を仰ぎ続ける。それでも、顔は汗まみれで真っ赤に膨れあがる。実に、下卑たことで恥ずかしい。

食事をする時に困るのは、中に異臭を発する人間がいる時である。私の娘の友人の一人にオーストラリア人だがひどく足の臭い男がいる。その男は高校の時からゲイであることを宣言していて私の娘たちと仲が良い。男前で、金持ちの息子なので身なりも良いのに、足だけが臭い。それもただ事ならぬ臭さである。普通オーストラリアでは家の中でも靴を履いているが、私の家はオーストラリアの中でも日本なので靴を脱ぐ。従って足の臭気がもろに立ち上がる。隣の席に座った人間は食事の最中地獄の苦しみを味わうことになる。

私は娘に、「本当の友人なら、足の臭いことを忠告してやるべきだ」と言うのだが、娘にはなかなかその勇気が湧かない。ところがある時、娘の同級生の韓国人の女の子が、初めて私の家でその男と一緒に食事をしたときに「わあ、臭いよ、その足臭いよ、洗っていでよ」と天真らんまんに大声で言って、それで男は風呂場に足を洗いに行き、それ以来その男の足の臭さからみんなが解放された。率直であることは大変に良いことだが、私の家の食卓は時には戦場の如くになるのである。

コラム………岸　朝子

おいしい食事はみんなの協力で生まれる

昭和二十一（一九四六）年ごろの思い出。前年の夏八月十五日には大東亜戦争は終わり、私たち家族は新しい仕事を始めるために千葉県富浦町で暮らしていた。びわ農家の作業場の二階に暮らし、下の作業場が台所であった。朝、目覚めると下からしゃっしゃっしゃっと鰹節《かつおぶし》を削る音が聞こえてきた。時計を見るとまだ六時。なんだろうと耳をすませ立ったとたん、鰹節が目に浮かんだ。「まだ削っている、まだ削っている」と、後生大事にしていた鰹節が細くなっていく音を、我が身が細る思いで聞いていた。削り手は私の叔母。台南師範の教頭をしていた叔父一家が引き揚げて別棟で暮らしていた。引き揚げ後、新しい仕事を得た叔父のため、朝食の仕度をしているのだ。そのうちに香ばしい味噌の香りが二階までただよってくる。叔母は琉球王族につながる人。たっぷりの削り鰹のだしをとるのは当然だったのだろう。夫婦二人に赤ん坊の長女、それに叔母たちの家族そろって食卓を囲んだ朝ご飯のおいしさは、いつまでも心に残っている。

昭和四十年代ごろまで、料理記者である私はよく「大根や菜っ葉を刻む音、味噌汁の香りで目が覚める」と記事を書いた。炊きたてご飯と味噌汁、納豆、卵焼き、海苔などの食卓は日本中の家庭の朝の定番であった。ちなみにわが家の卵焼きは、祖父の好物であったところから名づけた「おじいちゃま焼き」。卵をほぐして塩を少々加え、油を熱したフライパンに一気に流し込んでチャッチャッと焼き上げるもの。オムレツといり卵の中間で、皿にあけてしょうゆ少々をたらしていただく。私はこれを焼き海苔で包んで食べるのが好きだった。ときにはアジの干物や塩鮭、前夜のおかずの残りやさわやかな味の糠《ぬか》漬けのきゅうりやなすなどに、煮豆もあった。

子どもたちが育つころの朝食はご飯に味噌汁に野菜炒めなども加わったが、夫婦に子ども四人の六人家族で、五カップの米で炊いたご飯を毎朝、消費したものだ。ある朝、お弁当から詰めようと炊飯器の蓋《ふた》をあけたらカラッポ。なにごとと食卓の上のメモを読むと、中学生の三女がバレーボールの早朝訓練の仲間のために、ありったけのご飯でおにぎりをつくったとある。あわててパン屋に走って食パンを買い、弁当用のサンドイッチをつくり、朝食もトーストと卵、牛乳、サラダといった安いホテルのメニューになった。

ご飯と味噌汁といった定番の朝食も、最近は少なくなったようだ。さらに、朝ご飯を食べる習慣も減って若者の三人か四人にひとりは朝ご飯抜きという。私が講演に出かけた保育園での話。園長先生に「なにか問題になることは」と聞くと、子どもたちに朝ご飯を食べさせないで連れてくる母親が多いという。朝ご飯抜きの子どもたちは元気がなく、なかには「おなかがすいた」と泣き出す子もいると聞く。「おにぎり一個でもいいから、とにかく朝ご飯を食べさせてください」と園長が話したら、若いお母さんが「朝ご飯って、食べさせなくっちゃいけないんですか」と答えたという。朝ご飯の重要性を知らない親たちの昼、夜の食卓も想像できる。

お米を洗って炊飯器に入れ、セットしておけばご飯は希望の時間に炊き上がる便利な時代。お米をとぐのが面倒という人には、米を洗う手間が省ける無洗米もある。あとは簡単な味噌汁と漬け物、卵焼きで三十分もあれば朝食の仕度はできる。汚れた食器は自動皿洗い器に頼めばよい。家族ばらばらの個食の時代であるからこそ、朝ご飯ぐらいなんとか、揃って食べてほしい。

もう二十年ほど前のこと。雁屋さんと知り合ってだしの話になった。わが家では市販の削り節で味噌汁をつくると言ったところ、「うちは違うよ」。夕飯の仕度が始まるころには、「息子がせっせと鰹節削り器で鰹節を削るんだ」と言う。ほんものの味を味わうためには、手間がいる。おいしいものはみんなの協力で生まれるのだとしみじみ感じた。当時はまだ小学生だったと思う男の子が、台所にぺたっと坐って鰹節を削る姿を思い浮かべ、雁屋さんの作品である『美味しんぼ』のバックボーンを感じとった。おいしく食べるということは、手間暇をかけること。沖縄に「ティーアンダ」という諺がある。簡単にいえば、手のあぶらの意だ。「手塩にかけた」ということばに通じる。おいしい食卓は心を込めたものであろう。

終章

最後はこれを食べて死にたい

1 ゲテモノ食い、という快楽

「世界残酷物語」に出てきた禁断の料理

雁屋　いよいよ最終章ですから、「いま一番食べてみたいもの」を話してみませんか。

岸　食べたことがないから食べてみたいもの？

雁屋　食べたことがないからでもいいし、既に食べたけど、あれはもう一度食べたいというものでも。

岸　何、あなたは？

雁屋　サルの脳味噌。

岸　やだぁ。食べたことあるの？

雁屋　ないない。ジャコペッティの「世界残酷物語」という映画の中で、サルの脳味噌を食うという場面がある。そこで、食通といわれてるいろんな人に聞いてみたんです。中国の人にも香港の人にも聞いてみたが、あれは嘘に決まってるって。たしかに、どこの文献にもどの本にも誰の話にも、出てこない。ただね、羊の脳味噌はよく食べるでしょう。

岸　あれはおいしいですよ。タラの白子みたいな味で。スープにしたりもしますよ。

雁屋　羊や子牛の脳味噌を食うんだから、中国人だったら絶対にサルの脳味噌を食ってると思いますよ。

岸　そうよね、四つ足で食べないのはテーブルだけって言ってるんですからね。

雁屋　二本足のものも、母親以外は食べる。

岸　中国の諺《ことわざ》にあるわね。

雁屋　父親は食うんだ。二本足で食べないのは母親だけだって。でも、例のクロイツヘルツ・ヤコブ病以来、脳味噌の料理は一切だめになっちゃったね。調べてみると、羊の脳味噌を食べているアラブ諸国はヤコブ病の発症率が高いんですって。僕はサルの脚や腕は食べたことがあるんです。とてもしんなりして、身が詰まっておいしかったんですよ。だから、なんとか脳味噌を食えないかなと思ってね。

岸　でも、脳味噌をすくって食べるというのは、ちょっとねえ。

雁屋　ジャコペッティの映画では、大きなテーブルにみんなが集まってるところに、手足を縛りつけたサルを箱に入れて運んできて、サルは顔だけ出てるんですよ。サルはわからないから、キヨロキョロしてるところをうまい具合に頭蓋骨を外して、生きてるうちにサルの脳味噌にスプーンを突き立てて食べるわけです。

岸　おおいやだ。薬を飲ませるのかしら。

雁屋　薬を飲ませたらだめ。血の中に薬が入っちゃうから。麻酔の注射とかも打てない。僕は昔『二七〇〇年の美味』（角川書店）という本を書いたんです。そのときには、声が出ないように麻酔の鍼《はり》を打って、すくって食べるという設定にしましたけどね。

岸　どんな内容の小説？

雁屋　主人公は美食を追求した果てに、美食の王みたいな人に「じゃあ、最高においしいものを食べさせてやる」と連れていかれる。いろんなものをごちそうしてくれるんだけど、最後どうも様子が変だ。気がついたら、鍼を打たれて身動きできなくなった状態で、テーブルの真ん中に首だけ出して座らされてる。中国人が頭の皮をすっと剝いで、頭蓋骨をポコッと外して、「まず本人が食べなさい」って、自分の脳味噌を口に入れてくれるという小説を書いたんです。

ベトナム屋台の「ホビロン」とは

雁屋　それでは、岸さんのいま一番食べてみたいものを。

岸　食べたいものではなくて、食べられないもの、食べたくないものっていうのは、フィリピンのひよこが孵《かえ》ったばかりの……。

雁屋　フィリピンじゃない、ベトナム。孵化《ふか》の途中のアヒルの卵を茹でたものでしょう。

岸　フィリピンにもあるって。あれだけは食べたくない。召し上がった？

雁屋　ベトナムで、「ホビロン」というの。

岸　どんな味？

雁屋　おいしいですよ。コクがあって、もちろん嘴《くちばし》とか羽根になってるのは舌触りがちょっとざわざわしますけど、味自体は大変いいものですね。僕は栗はあまり好きじゃないけど、栗みたいな濃厚ないい味で、あれはくせになりますよ。なにしろ、たまごと雛《ひな》のいい部分がまざってるんですから。

岸　生で食べるわけ？

雁屋　茹でるんです。茹でてそのままおさじですくって食べる。これはベトナムの人たちのおやつだもん。屋台でたくさん出てる。おいしいですよ。

岸　じゃあ、食べてみたいと言いなおしましょう（笑）。

雁屋　そんなことを言えば、豚の胎児を刻んだやつとかあるじゃない。

岸　私は、昭和五十二年ぐらいだからもう三十年近くなるんだけど、昭文社で食べ歩きの本をつくったんですよ。山本嘉次郎の本が前に出ていて、それが古くなったので新しくつくりかえてくれと言われたんです。文庫本より小さいぐらいのサイズで一冊五百円で八冊。毎日新聞の部長さんで佐々木芳人さんという『赤エンピツ片手の食べ歩き』という本などを出してる方と、その方が見つけてきた近衛文磨さんの次男の近衛通隆《このえみちたか》さんと、私の三人で組んでね。

佐々木さんは作家の開高健と仲がよかったのね。開高健が大阪で食べた豚の胎児を刻んだのがおいしかったというので、佐々木さんが行ったら、一見さんはだめって食べさせてもらえなかった。それがよっぽど悔しかったらしく、三河島の店で食べさせてくれるというので出かけたんです。普通の焼き肉屋みたいなところでしたけど、岸さんも料理記者だから食べてみなさいって言われて、食べましたよ。

ラーメン丼の中に酢味《すあじ》のスープが入っていて、その中に豚の胎児が入っている。食べると、皮の部分がシャリシャリしてて、子袋はトロントロンとしてね。食べながら佐々木さんは「何が開高健か、何が開高健か」って。私も商売だからふた口ぐらい食べてみましたけど。

雁屋　別にうまくないですね。

岸　そう、あれは結局、胎児が入った子宮を刻んだものよ。

雁屋　僕も大阪で食いましたけど、そんなうまいもんじゃなかった。一回で結構、何度も食べたいとは思わなかった。

やみつきになる、犬の肉

雁屋　ベトナムといえば、犬の肉をローストしたのがありますね。

岸　北朝鮮に行ったときに、犬の料理専門のお店がありました。デザートはさすがに違うものだったけど、オードブルから最後まで、コースが全部赤犬の肉。

雁屋　おいしかったですか。

岸　おいしかったですよ。身がしまってるのね。

雁屋　僕も韓国で犬料理の専門店に行ったんですよ。ここは自分で犬の牧場を持ってる。犬の殺し方を知ってます?

岸　知らない。

雁屋　あれは普通に殺したんじゃだめなんだって。撲殺《ぼくさつ》するんだって。

岸　あら、牛だってそうじゃない。

雁屋　いや、牛は喉《のど》かき切って血を一気に出さないとだめなんですよ。

岸　牛も叩くって聞いたけど。

雁屋　牛は専門のやつがいて、頭を殴ってちょっと気絶させてから、耳から耳まで一気に切って血を全部抜く。血の抜きが悪いと牛レバーはまずいんですよ。血抜きが大事なの。ところが、犬の場合は撲殺するんだって。なんか袋に入れて撲殺するとか。

僕が行った韓国の犬肉屋は、最初にスープが出てくる。次に、犬の肉の蒸したやつ。皮のところなんかプリンプリンしてゼラチン質で、とってもおいしい。これはやみつきになるなあと思った。一九八八年のソウル・オリンピックのときは、犬料理屋は全部隠したんですよね。

岸 それはそうよ、動物愛護者のイギリス人に怒られちゃう。

雁屋 いまは大っぴらにやってますけどね。ブリジッド・バルドーっているでしょう。あの人は動物保護運動を執拗にやってるんです。じつに醜怪な女になっちゃいましたね。そのブリジッド・バルドーが「犬なんか食べるのは野蛮人だ」と言った。そこで韓国の有名なディスクジョッキーが彼女に電話をかけ、「韓国にもフランス人がたくさんいて、その人たちはみんな犬の肉をおいしいって食べてますよ」と言ったら、ガッチャンと電話を切ったらしい。それがその年の韓国の十大ニュースに入ってるのを見ましたよ。いかにも韓国人らしくて面白い。

岸 千葉で牡蠣の養殖をしていたころの話ですけど、海のそばに住んでいたので、魚屋さんが自転車で売りに来るのね。「海が時化《しけ》てて今日は何もないんですけど」と言うから、「荷台になにか乗ってるじゃない」って言ったら、「食べますか」って蓋を取ったら犬だった。

雁屋 ほう、どうして犬ってわかったんですか。

岸　だって、犬の形してたもの。

雁屋　ああ、皮剝いてあるの？

岸　皮剝いてある赤身の肉。

雁屋　千葉で、珍しいですね。聞いたことないなあ。

岸　私も初めて。昭和二十四、五年頃ね。

雁屋　マレーシアに行くと、市場で犬を売ってますよ。こんなかわいい、ムクムクした仔犬《こいぬ》。子どもを連れていったら「かわいいワンちゃん」なんて言うから「あのな、これは食べるんだよ」と言ったら、子どもたちが逆上しちゃって。かわいそうかわいそうって。

猫は食べた、蛇も食べた、ラクダも

岸　一時、猫がなんかの病原菌を持っているから売っちゃいけないって話がなかった？

雁屋　ハクビシンですね。僕は猫も食べましたよ。猫の肉はザラザラしてておいしくない。おまけに家に帰って、猫を食べてきたと言ったら、子どもたちにギャアギャア非難された。「うちにかわいい猫が二匹もいるのに、どうしてお父さんは猫を食べるようなことをするの！　今度食べたら家に入れないからね」って。

岸　どこで食べたの、猫は。

雁屋　広州。広州はなんでも食う。

岸　食は広州にあり、か。

雁屋　広州に野生動物レストランがあるんですよ。入り口がまるで動物園。檻《おり》の中にさまざまな動物が生きている。客が注文すると、そいつを殺してくれる。蛇なんか注文すると、コブラを連れてきて、目の前で殺すんだ。コブラの眼鏡模様が背中にあるでしょう。その模様がついたままのブツ切りの身を鍋に入れてくれる。

岸　鍋に入れるの？　私は台湾で蛇の蒸し煮料理をいただいた。パッと蓋をとったら、とぐろ巻いてた。

雁屋　皮は剝いてるんですか。

岸　剝いてあったかな、黒かったから。沖縄のイラブー（ウミヘビ）はとぐろ巻いて売っているわね、ほんとは棒状なんだけど。

雁屋　イラブーは丸いですね、燻製《くんせい》になってて。あのスープは体にいいんですってね。僕はほかに熊とかラクダも食いましたよ。

岸　ラクダはどんな味？

雁屋　ラクダはよく煮込んであったから、全然わからないですね。とろっと煮込んであって、や

広州に行きましょう。犬を食べるんです。そして、人間が生きるためにものを食べるということの意味を、考え直してください。

それができれば、シルビア・フォーリィさんを説得することもできるでしょう。

ううう……犬を、か……

どうしても、犬を食べなければだめか？

ああ……本当に……

16

広州市　嘉華海鮮酒家
喜庆宴席随意
秘制各类

『美味しんぼ』56巻第５話「犬を食べる〈前編〉」より

わらかくてね。どんな肉でも煮込めばこんなふうになるだろうという感じでしたね。ラクダは北京。サソリの揚げたのも食べましたよ。昔、北京にいたときにサソリに刺されたんです。三日ぐらい熱を出して寝込んだんで、そのときのかたきだって食べたんだけど、ちっともうまくなかった。あと、香港ではゴキブリを炒めたのをみんなで食べました。

岸　いやあね。でもね、人間て、飢えると何でも食べるのよ。貧しい地方では、ウジとか釣りのエサのゴカイなんかも食べたんだって。

雁屋　ゴカイはうまそうだな。オーストラリアでは、コウモリ蛾の幼虫を食べますね。

岸　ウジは食べるでしょう、たんぱく質だからね。

雁屋　だって、長野県ではカワムシ食べるじゃないですか。

岸　ザザムシも食べるし。蜂の子なんてウジと同じですよね。

雁屋　蜂の子は最高にうまいですよ。

岸　おいしいおいしい。なんだか元気になりそうで。

雁屋　とろっとして、蒲焼きみたいなうまさ。それにしても、一番食べてみたいものがゲテモノばかりじゃ困るなあ。

岸　でも、悪食は話が弾むのよね。

雁屋　ゲテモノを食べたいっていうのは、怖さ半分と、人間の本質に迫る部分があるんですよ。

例えば、人間が人間を食べるというのは大変なるタブーだけども、これは有史以来何度も繰り返されていることでね。昔、十字軍というのがあったでしょう。十字軍は西洋側から書かれると、エルサレムという聖地を奪回するための勇壮果敢ないい物語になるんだけど、アラブ側から見たらとんでもない暴徒なんですよね。背中に十字の縫い取りをつけた貧民や農民がうんかのごとく、鬼のような形相で押しよせたわけだから。彼らはほんとうに残虐、無慈悲、野蛮なやつらで、とにかくアラブ人をつかまえると食っちゃったと歴史の本に書かれていますね。だからアラブの方から見たのと、西洋から見たのでは十字軍は全然違う顔をしているのね。

つまり人間を食うという行為は、単に飢えてるからじゃないんですよ。そういう禁忌、タブーになっているものが僕たちの心に触れて、それに近いものを食べてみたいということになるんでしょうね。食べ物の話って、表面的にきれいな話から、もっとすごい人間の本質に迫る話まで、じつに幅が広い。人間自体のあり方がそういうものなんでしょうね。

2　人生最後の晩餐を考える

お餅に入っていた藤の花

雁屋　ゲテモノ談議はこれくらいにして、きれいなもので食べてみたいものに移りましょう。

僕が子どものとき、うちにいた中国のアマがロービンといって、メリケン粉を伸ばしてお餅にするんだけど、その中に藤の花を入れてくれた。それはいまだに美しいものとして記憶に残っている。あれを食ってみたいなあ。

岸　藤の花なら、私は天ぷらにするわ。薄い衣で。いまはもう切っちゃったんだけど、藤を家の目隠しに植えていたのね。それで天ぷらをやったわよ。

雁屋　あれ、香りが強いでしょう。

岸　うん、おいしいわよ、薄紫できれいだし。

雁屋　苦くないですか。

岸　苦くない。藤の花をひと房そのままシャーッと天ぷらにすると、みんな歓声をあげてね。

雁屋　もう一つ食ってみたいのは、テレビで見たんだけど、エスキモーが生肉を食うでしょう。大きな塊《かたま》りにガブッとかぶりついて、かぶりついたところからナイフで切り取って、口に残った分を食べる。大きな塊りにかぶりついてはナイフで切るんですよ。あれを一度やってみたくてね。

岸　あれでビタミンCを摂ってるのよね。

雁屋　見たのはオットセイの肉かなんかでしょうね。もはや私も年をとったから、そんな荒っぽいことはできないかもしれませんが。ところで岸さんは、お酒は召し上がるでしょう。

岸　はい、いただきますよ。

雁屋　一番好きなお酒は何ですか。

岸　八海山なんかもいいけど、萬歳楽《まんざいらく》の「菊のしずく」ってのがいまは好きかな。

雁屋　萬歳楽って金沢のでっかい酒屋ですよね。

岸　菊姫の大吟醸なんていうと料理の味がわからなくなる。あれは食後酒ですよ。

雁屋　大吟醸は、僕は飲まない。

岸　私も飲まない。もったりして重くて。日本酒もそういう意味で軽くはなってますね、すいすい飲めるっていう感じで。

雁屋　ただ、日本酒はどうしても温度管理が悪いと臭くて飲めたものじゃない。あるときオーストラリア人が自宅の棚に麗々しく日本酒を飾ってるんですよ。で、「いつもらったの？」って聞いたら、五年くらい前だっていうから、「これは死んでるよ」と言って日本酒の説明をしてやりました。日本酒はすごく温度管理にうるさい酒で、五日か六日室温以上だともう飲めないって言ったらがっかりしてた。悪いことしちゃった。

岸　うちにお手伝いに来る近所のおじさんがいて、彼にお酒をあげたら持っていって「岸さん、あれはお酢になっていた」って。冷蔵にしないでそのへんに置いといたのよね。

雁屋　岸さんはお酒はいつぐらいから？

岸　私なんかは女が飲んじゃいけない時代に育ってるから、主婦の友の新人会でビールを飲んだのが初めての体験。

雁屋　それが初めて？

岸　三十二歳で初めて。全然酔っ払わなくて、そのあと男の子がバーに連れて行ってくれた。それこそトリスでしょうね、ハイボールというのを三杯飲んでも平気だったからザルだって言われた。だからいまビールが売れてるのは、ビールが女の人たちのお酒への入り口で、この頃はそれがワインに変わって、さらにシャンパンになってますね。で、おじさんたちが飲むのは、かつてはいやだと言ってた焼酎がかっこいいお酒になって、ウイスキーが苦戦してますよ。韓国はあんまりわからないけど、中国あたりにこれから日本のウイスキーが売れていくんじゃないかしら。中国のワインはあまりおいしくないからね。ブドウジュースみたい。いま中国ではチーズをつくりたいからちゃんとした指導者がほしいと相談されました。

雁屋　だってチーズなんてもともと中国でできたんじゃない？

岸　そうよ、乾酪《かんらく》っていうのは遊牧民族の家（パオ）の前に干してあるのよ。「これは何」って言ったら、乾酪だって。遊牧民族はたんぱく質を連れて歩くからね。

雁屋　向こうの人たちが紅茶をいれてくれると、そこにその塊りを入れますね。あれはチーズなの、バターなの？

岸　それはバター、油ね。

雁屋　でもなんか固かった。

岸　乾酪は固まらない。白い塊りのを干してね。

夢でお告げがあった酒

雁屋　お酒に話を戻すと、僕は小学校のときから親父の飲んでる酒を盗み飲みして、中学に入ったらいっぱしに飲んでましたからね。酒は、うちの親父は大目に見てくれたから。中学二年のときに友だちの家の新年会に行ったら、そのうちのお父さんがお酒に大変寛大な人で、僕たちに一升瓶のぶどう酒をくれたんです。で、僕と友人と二人でそれを飲み干しちゃいましたからね。

岸 お酒は人生広げるわよね。「酒知る、味知る、人を知る」って。

雁屋 でも「酒は気ちがい水」という言葉も、ある。いままで飲んで一番おいしかったお酒というのは、あるとき、夢に見たんです。夢の中で、ものすごいうまい酒を飲んだんですよ。「うわーっ、こんなうまい酒、なんだろう」と思った。目がさめて、「ちきしょう、あの酒があればなあ」って。その夜、ボルドーのソテルヌって甘い酒を飲んだんですよ。そうしたら、「これはまさに夢に見た酒じゃないか」。

岸 すごい、お告げがあったんだ。

雁屋 甘くて、香りがよくて、夢に見たとおりの味。それはうまかったなあ。

岸 ぼてっとしない？

雁屋 いや、そんなことはない。

岸 バルザックっていうお酒があるじゃない？ 私は月給が六万円ぐらいの時に、一本三万円のを格好つけて飲みましたよ。いまならアイスワインでオーストリア、ウィーンの品は安くて味がいいんですよ。すっきりしてて、本当にぶどうのお酒って感じで。

雁屋 でも、オーストリアとかあの辺のワインはぶどうの糖度が低いから砂糖を添加してるんですよ。

岸　それは昔の話。いまはやめてますよ。

雁屋　いや、やってる、必ずやってる。シャピタリザシオンといって、砂糖を混ぜるの。例えば、それはフランスのボジョレーのところでもその年のぶどうの糖度を測っていて、ある程度までどうしても上がらないとなったら、協会が許可して、お砂糖を混ぜるんです。いま岸さんが言ってるアイスワインというのは貴腐ワインでしょう。

岸　カビをつける方じゃなくて、凍らせた方。

雁屋　それはやらない。普通のモーゼルとか、あの辺のワインだったらやってます。それからゲヴルツトラミネールという、難しい名前のワインがあるでしょう。あれなんかはこっちがドイツ、こっちがフランスっていう境界にできるんだけども、ドイツ側のワイン屋へ行って、「ゲヴルツトラミネールがほしいんだけど、フランス製とドイツ製とどっちがおいしい？」って聞いたら、悔しそうに「フランスの方がうまい」って。ドイツ側は気温が下がるので、ぶどうの糖度が上がらないんですね。だからどうしてもシャピタリザシオンをする。

最後に飲むなら、このお酒

岸　じゃあ一番おいしかったのはその夢で見たソテルヌ？

雁屋　夢で見たという、特別な物語がありますからね。ただ一つだけ、最後に飲んでいいとなったら、ボルドーの一番いいやつ、ペトリュス。

岸　日本酒じゃなくて？

雁屋　日本酒っていうのは毎年変わるもの。日本の酒っていうのはみんな若いうちに飲んじゃいますものね。

岸　寝かさないからね。寝かすとだめ、限りなく紹興酒になっちゃう、色が茶色くなってきて。あれは寝かさないで飲む方がいいわね。

雁屋　あとは、そうしたら泡盛の古酒（クースー）。クースーでおいしいの飲みましたよ。僕の友だちが沖縄の娘さんと結婚したんですよ。そうしたら、そのお父さんがクースーの甕《かめ》を送ってくれたんです。昔はそういうしきたりがあったんですね、娘が生まれた年に仕込んだクースーを結婚のときに開けるという。

岸　中国はそうなんだけどね、紹興酒が。

雁屋　そうですか。二十何年もののクースー、これはうまかった。みんなで瓶を持っていって杓《しゃく》で分けて飲んだけど、琥珀《こはく》色でまあいい香りでしたね。五十年ものっていうのも飲んだことあるけれど。

岸　戦争が終わったばかりの頃ね、どこかに隠してあったのかしら。

雁屋　これはまたおいしい。クースーは日本の酒の中じゃあ、たぶん一番うまいな。

岸　雑味がとれてね。

雁屋　そう、すっきりしてるの。

岸　神様みたいなお酒になるっていう感じがある。

雁屋　ほんと天使の味って感じですよね。最後に飲むならクースーかペトリュスだな。

岸　私はラターシュが好き。

雁屋　ラターシュはうまいですよ。そりゃあもう当たりマエダのクラッカーのうまさですよ。

岸　私はオーストリアのメッテルニヒ公爵という方とちょっとおつきあいがあって、京都に行ったときに、日本料理屋さんに案内したことがある。そうしたら、こんなことを言うのね。「なぜ、日本には日本酒というすばらしいお酒があるのに、こんなデリケートな料理をウイスキーとかビールで飲むのか。日本酒か、オーストリアの白ワインを飲むべきだ」って。

雁屋　ワインはだめ。ワインは魚と合わない。やっぱり日本料理には日本酒。

岸　だけど、白ワインのすっきりしたのは合うよ。

雁屋　でもねえ、生臭さが立っちゃうんですよ。

岸　ああ、それはあるわね。

雁屋　そして徹底的に、ワインは酢と味噌に合わないんですよ。僕はさんざん『美味しんぼ』のマンガでやりました。特に生臭いものはだめ。生牡蠣を食べてシャブリなんか飲むと口の中じゅう、気持ち悪くなる。僕は絶対食べない。あるとき、日本の食通といわれてる人に言ったんです。「生牡蠣にシャブリを飲むと、口の中がドブ臭くなって嫌なんだ」って言ったら「雁屋さん、あなたもそうなの、僕もそうなんですよ。でもね、みんながそれをうまい、うまいって言うでしょう。だから、僕はどこか自分が悪いんだと思って我慢して飲んでた。そうか、雁屋さんもそうだったのか」って。笑っちゃいましたよ。我慢してたって言うんだから。

太鼓判を押したい、お菓子の名店

雁屋　僕は甘いものも大好きでね。酒も飲むけど、甘いものも好き。岸さんも？

岸　好きよ。子どものときからお食後っていうのがあってね。

雁屋　和菓子ですか。

『美味しんぼ』74巻第1話「恍惚のワイン〈3〉」より

岸　和菓子もありましたし、なんにもないときは黒砂糖を割って食べた。でも、日本の和菓子っていうのは芸術ですよね。

雁屋　すばらしいですよね。西洋菓子も日本が一番うまいですよ。このあいだ、フランスでお菓子の大会があって、そこで優勝したパティシエは、パリのレストランに勤めてる日本人の女性でしたからね。最近のフランスのレストランのお菓子なんか見てると、やたらとカラメルを使って変なふうに飾りつけし過ぎですよ。大袈裟《おおげさ》につくっちゃって、味は大したことないね。ただ、オーストリアの……。

岸　ザッハトルテ。

雁屋　ザッハトルテをつくってる会社がデメル。そのデメルのお菓子を食べて、こんなお菓子あるか、と思った。見た目は地味なんですよ。飾りもなんにもない、ただのスポンジケーキみたいなんだけど、いろいろ色はついていて、中に細かく刻んだフルーツが入っている。しっとりしてね。ちょっとばかにしてたの。でも買ってきて、ホテルで食ったら、ギャッとたまげるうまさ。あんなうまいもん、食ったことない。

岸　ウイーンのお菓子はおいしいですよ。そのデメルで修行してマイスターとった人がやっている店がうちの会社のそばにあるんですよ。「ツッカベッカライカヤヌマ」っていうの。ツッカというのはお砂糖、ベッカはベーカリーで、栢沼《かやぬま》っていう男なのね。

雁屋　ザッハトルテをつくるの？

岸　ザッハトルテは、オーストリアの通商代表部がクリスマスに本店から飛行機で送ってくれるのよね。私はそっちがおいしいと思うんだけど、うちの会社の連中は栢沼さんの方がおいしいって言うわね。デメルは表参道のラフォーレの裏にお店をもってますね。

雁屋　ザッハトルテはいまは日本橋の三越本店でも売ってますよ。

岸　私が子どものときにおやつに食べたのは、沖縄のチンピンっていうのね。小麦粉と黒砂糖を溶いて、フライパンでうすく焼いてくるくる巻いたもの。クレープの沖縄版ね。和菓子もいろいろありますけど……。

雁屋　僕は和菓子はやっぱり京都の嘯月《しょうげつ》。

岸　口の中でほどけていくような味よねえ。

雁屋　純粋でねえ。

岸　あそこは完璧な手づくりですからね。

雁屋　嘯月は、とにかく砂糖のアクを徹底的に抜くの。水に溶かして上ずみをとってアクを抜いて、それであんこをつくるでしょう。そのあんこに押しをかけて、あんこからさらに余計なミツを抜くんです。あんこを何重にも重ねておいて上から重しをかける。重ねたあんこの脇のすき間からジュルジュルとミツが落ちてくる。それをすくってなめてみたら、苦くてまずいんです。もしあんこの中にそれがそのまま残っていたら、あんこ自体がまずくなる。砂糖でさらして、さらにあんこでさらすから、そのあんのすっきりとしたこと！

岸　品のいいお味よね。

雁屋　ほんとに、こんなものあるのかと思った。あんこのアクを最後にとるところなんて、へぇー、ここまでするかと。だから、前もって予約しておかないとだめ。だって店に見本も何もおいてないんだもの。単に帳場があって、店主の夫人が座ってるだけで、名前言うと「はい、出来ています」って出してくれる。あれつくってくれ、これつくってくれはないんですよね。季節のものを勝手につくるだけ。いまだに嘯月よりおいしい店には出会ってないなあ。

岸　私が好きなのは「空也」の最中とか「うさぎや」のどらやき。「三崎屋」の栗むし羊羹《ようかん》は季節になると食べたくなる味ね。いまお気に入りなのは、ホテル西洋銀座のマシュマロ。ほんとにふわふわふわって赤ちゃんのほっぺみたい。人工の香料は使わないで、自然のものを生かしてますね。

やっぱり最後はこれに戻る

雁屋　それでは、この本の締めくくりとして「最後の晩餐」を話し合いましょう。ほんとに一品

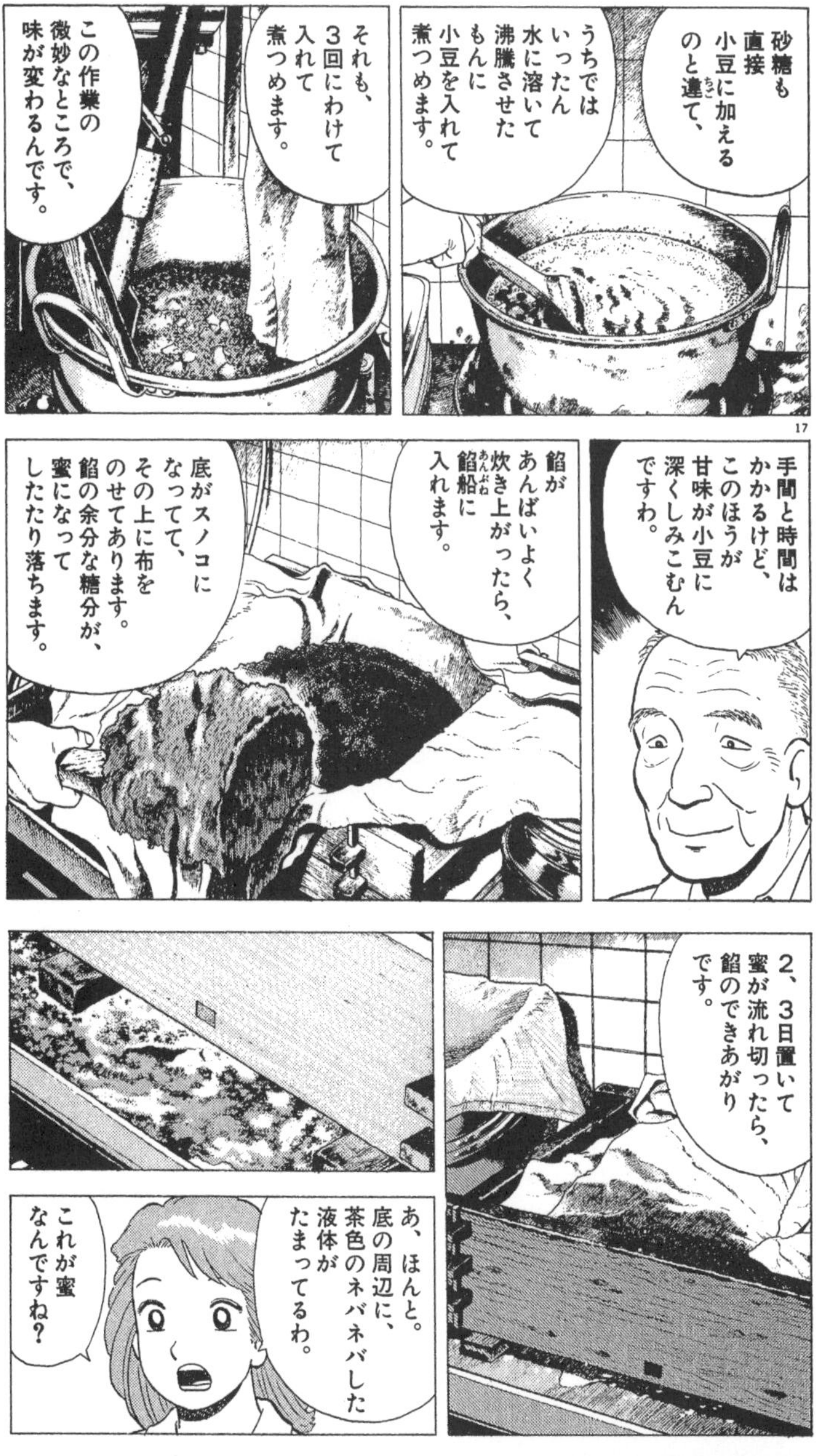
砂糖も直接小豆に加えるのと違《ちご》て、
うちではいったん水に溶いて沸騰させたもんに小豆を入れて煮つめます。

それも、3回にわけて入れて煮つめます。

この作業の微妙なところで、味が変わるんです。

17
手間と時間はかかるけど、このほうが甘味が小豆に深くしみこむんですわ。

餡があんばいよく炊き上がったら、餡船《あんぶね》に入れます。

底がスノコになってて、その上に布をのせてあります。餡の余分な糖分が、蜜になってしたたり落ちます。
2、3日置いて蜜が流れ切ったら、餡のできあがりです。
あ、ほんと。底の周辺に、茶色のネバネバした液体がたまってるわ。

これが蜜なんですね？


『美味しんぼ』56巻第2話「餡と生きがい〈後編〉」より

だけ選ぶとしたら？

岸　あなたは何？

雁屋　僕は死ぬ前に何を食いたいかというと、炊きたてのぴかぴかしたご飯。それに梅干。ごまをかけて、なすときゅうりのおこうこがいいなあ。それに海苔があって、かつぶしね。それがあれば上等ですね。岸さんは？

岸　私もやっぱり白いご飯を食べたいわね。戦後すぐ長女がまだ赤ちゃんだったときに、寄宿していたびわ農家のおばさんが、炊きたての白いご飯に自分がつくった黄金色の味噌を塗ってくれたの。当時、絵羽織一枚農家に持っていってもカボチャ一個がせいぜいだった。そんな時代に、「ちょっといらっしゃい」と言って、おにぎりをくれたの。あれはまさしく、黄金の味噌をつけた夢のおむすびね。忘れられない味です。パクッと食べたら、中のご飯がちゃんと立ってたのね。

　おむすびするのに、私たちは塩を手につけて結ぶでしょう。そうじゃなくて、ご飯を炊くときに塩味をつけちゃうばかな人がいるのよ。だから、最初まわりを食べるとちょっと塩味がして、ご飯だけの味になってきたら梅干を食べるとかいう、その喜びがないのよね。

雁屋　あれまあ。それはいかんですねえ。

岸　いかんでしょう。大体、コンビニの冷たい器械でつくったおむすびを食べて、あれがおむすびだとは思いたくないわよね。

雁屋　どうしようもないね。

岸　でもあなた、サルの脳味噌を食べたいとか言ってるのに、最後の一食ということになると、そこに戻るわけね。

雁屋　やっぱり最後だからでしょうね。まだこれから人生長いとなれば、それは肉を食ったり、あれを食ったり、これを食ったりと目移りしますよ。だけど、もうここで死ぬんだとなったときには、炊きたての白いご飯を食べて死にたいと思いますね。炊きたてのピカピカ光るご飯においしいおこうこ、おいしい梅干、おいしい海苔、おいしいおかか。

岸　私も紫紺色のなすのぬか漬けはほしいな。それから、おいしい味噌汁。死ぬときってくたびれてるじゃない。疲れたときって汁物がほしくない？

雁屋　死出の旅は長いですからね。どんな味噌汁がいいですか。

岸　お味噌は信州味噌ですね。主人は名古屋だから八丁味噌だけど。

雁屋　信州味噌って、甘い方の信州味噌？

岸　甘くない方。しょっぱくないのは嫌だ。普通の信州味噌よ。塩分一六％ぐらいの。中身、具で一番好きなのはたまねぎとジャガイモなの。

雁屋　うわあ、僕、たまねぎとジャガイモはだめ。おナスも嫌い。僕が好きなのは豆腐。あと、油揚げと大根の味噌汁も好き。わかめもいいし、しじみもいいよねえ。
岸　「汁のみに詰まれば豆腐」って言葉があるのね。
雁屋　たまねぎとジャガイモはだめだ。
岸　じゃあ二人で「最後の晩餐」は一緒に食べられないじゃない？
雁屋　味噌汁で揉めますね。

コラム……岸 朝子

最後の晩餐を夢みることそのものが夢

二十一世紀を前にして、新聞、雑誌の取材で多かったのは、「今世紀最後の晩餐になにを食べたいですか」というテーマだった。飢えの時代から飽食の時代へと変化が激しかった二十世紀末、「はてさてなにを食べたいか」と考えると、やはり炊きたてご飯と味噌汁になるのは日本人の血のせいであろう。米は日本人の命綱と信じている私にとって人生の終わりは、白いご飯でしめくくりたい。

最近の子どもたちに「最後の晩餐」を問うと、なにが返ってくるのだろうか。ハンバーガーやラーメンであったら悲しい。だいたい、食べるということは生きること。これが最後の食事というときは、なにを食べたいと思うより、なんとしてでも生きたいという思いが強いのではないだろうか。「命は食にあり」をモットーに食べることを大切にしてきた私にとって、最後の晩餐を夢みることそのものが夢であるように思える。

お金さえだせばなんでも好きなものを、好きなときに食べられる飽食の現代、食べることに関心を持たない若者や子どもたちが増えている。私の恩師である女子栄養大学の創立者、香川綾先生を亡くなられる半年ほど前に取材した折、「動物は子どもに餌のとり方、食べ方を教えている。人間も動物の仲間であるから、子どもになにをどれだけ、どうやって食べるかを教えなくてはいけない」と言われた。「それが命を伝えていくことである」とも。さらに「男も女も、老いも若きも料理をつくることは人間の資格でもある」と言われた。

昨今は自分で食べ物をつくり出すことはなく、市販されているものを食べるということが多い。二十世紀のアメリカを中心とした大量生産、大量消費という経済構造は手軽に食べられるファストフードを生み出し、いつでもどこでも同じ味を安価で食べることができるようになった。自主性がない食事ということは悪く考えると、犬や猫の餌と同じではなかろうか。いつの間にか飼いならされた動物になっているのではないだろうか。

私は戦後、母から聞いた沖縄の諺を思い出す。「ムヌクイシドゥ、ワーウシュウ」。「食べさせてくれる人が私の主である」といった意味だ。最初は抵抗もあったが、自給率が四〇%といった先進国の中でも下位にある日本の現状を思うと気になる言葉だ。食べる人がいなくなれば、つくる人もいなくなる。お金さえ出せばなんでも手に入ると考える人が多い世の中、自分たちの命をつないでいく食の生産者に畏敬の念を持ちたい。フジテレビ系の「料理の鉄人」で私が自然と口にした「おいしゅうございます」という言葉を珍しがり、「脚本にあったんですか」と質問した新聞記者がいたが、大正生まれの私たちにとっては当たり前の言葉。料理をつくってくれた人、その食材を提供してくれる生産者への感謝の気持ちである。魚や肉、卵などはもちろん、一粒の米が育って実れば一杯のご飯になると思えば、動植物の命をもらって私たちは命を支えているのだから感謝するのは当然なのだ。

そこから「もったいない」という言葉も出てくる。外食した折、「ご飯を半分にしてちょうだい」と頼んだら「お残しください」と言う。「残したぶんは産業廃棄物になるのよ。もったいない」と言えば、若い店員はふくれっつらをする。はじめから「軽く」と言い忘れた私も悪いが、残ったものは捨てればよいという感覚だ。飢えたことがない若い人たちには、「もったいない」という言葉も通じないかもしれない。沖縄では、サツマイモ澱粉（ウムクジー）をつくったあとのカスでさえ、さらに乾燥して保存食とする。「もったいない」精神が生きているのだ。

最近、沖縄の離島である多良間島を訪れた。地下水を汲み上げて水源としている小さな島には、田圃《たんぼ》がない。日本国内にお米がとれない地域があるということに私は驚いたが、自然と調和し、さからわずに生きていく人たちの人情にふれ、照りつける太陽の下で家族総出でさとうきびの収穫をしている姿に生きる喜びを感じた。土地の食べ物を大切にし、日が昇れば畑に出て働き、夕暮れには家族で食卓を囲み、泡盛を飲んで歌って床につく。この土地が出生率日本一というのも、この穏やかな暮らしにあるのではないかと、羨ましく感じた。先祖伝来の食べることを大切にする暮らしでもあるからだ。

コラム……………雁屋 哲

清冽にして甘露そのものの水

最後に食べたいものとして、岸さんとの対談の中では白いご飯を挙げたが、美味しいご飯を食べたあとで、最後に口に入れるものとしてはやはり、清冽《せいれつ》な水が欲しい。

友人の大酒飲みの一人と話していて、砂漠の真ん中でさんざん日にてらされて、喉《のど》が完全に渇ききった時に何を飲んだら一番うまいだろうかという議論になった（酒飲みというのは馬鹿なことを真面目に話し合うものである）。ジュースだろうか、サイダーだろうか、いやそうじゃない、そりゃ酒飲みなんだからキリキリに冷えたビールだろうということに一旦決まりかけたが、いや、冷たい牛乳の方がうまいだろうとなった。確かに、酒飲みとしては不本意ながら、本当に喉が渇いているときはビールより冷たい牛乳の方がうまいんじゃないか、ということで思わぬ伏兵であるところの牛乳に落ち着きかけたところで、またまて、それならただの水の方が遥かに良い。冷たい岩清水、それが何よりも一番だ、牛乳もビールも問題じゃない、とそれまで隠れていた大本命がずばんと登場し、何だ、馬鹿馬鹿しい、考えてみれば当然じゃないか、とそれで決着がついた、ということがある。

ところで、人間と生まれつきながら全然酒を飲まないという不届きな連中が世の中にはいるものですな。酒を飲まずに物だけむしゃむしゃ食べる。馬か蛙《かえる》みたいな連中である。酒を飲まない人間は当然ながら酒の味がわからない。さらにだ、驚くべき真実だが、酒を飲まない人間は水の味もわからないのである。

「酔い覚めの、水、千両と値が決まり」という川柳がある。大酒を飲むでしょう。それでぐーっと寝てしまう。やがて喉がからからに乾いて目が覚める。その時の喉の渇きたるや、砂漠の炎天下を丸三日間水を飲まずに歩き通した時に匹敵する。そこでよく冷えた水を飲むとね、ひぇぇぇっ！と思わず声を上げてしまうほどうまい。それで昔の人は、酔い覚めの水は千両の価値があると言ったんだね。

この酔い覚めの水のうまさを、酒を飲まない人間は知らないのだから可哀想なものだ。考えてみれば、酒を飲まない人間は、酒のうまさも知らず、酔い覚めの水のうまさも知らない。これほどのうまい物を、二つながら知らずに生きている人間がいるかと思うと哀れで涙が止まらない。ああ、無惨だ。悲惨だ。

私の家のある横須賀市秋谷の裏山に小さな御不動様の社《やしろ》があって、その脇に社の背後の川の向こう岸から引いてきている水が常に溢《あふ》れている。この水は大変に美味しくしかも調べたところ無菌無汚染で飲用として最適であるとお墨付きを得た。私たち近くに住むものは毎日御不動様まで水を汲《く》みに行き、飲用調理用の水はすべて御不動様の水を使わせて頂いていた。ところがある時、その御不動様のことが雑誌かテレビに出た。さあ大変、その翌日から、あちこちから水を汲みに来る人が詰めかけるようになった。水を汲みに来た車が狭い道にずらりと並んで、車同士すれ違うのも一苦労。中には、明らかに商売の人間が、トラックに大きなポリタンクを数十個積み込んできて、私たち地元の人間を恐ろしい顔でにらみつけて延々と汲み続ける。おかげで、私たちは汲めなくなる有り様。

水も含めて、御不動様の管理は地元の人間がしているのに、地元の人間は汲むこともできなくなってしまった。あんなに情けなく、腹が立ったこともない。私たちをにらみつけて、ポリタンクに次々に水を汲み続けたあの男の憎ったらしい顔は今でも忘れられないね。どうも秋谷の住民はみんな人が良くて、よその者が勝手な振る舞いをしても、あれあれ困ったねえ、と手をこまねいているばかり。

その名水騒ぎもひと頃から比べると収まって大分落ち着いたようだが、私はあの時、水争いとか水騒動という言葉の意味がわかったような気がしたな。我々日本人は水に恵まれているから普段は水のありがたみを忘れているが、実は水ほどありがたいものはないのだ。

私としては、死ぬ前に御不動様の水のような、清冽にして甘露そのものの水を飲みたい。

理想としては、陶芸家である長男に焼いてもらった茶わんに注いでもらった水を、一口一口ゆったりと飲んで、飲み終わったところですうっと息を引き取りたい。

そんな具合に美しく死ねれば万万歳だが、まあ、とにかく、そんな日が来るまでは、どんちゃんどんちゃん大酒を飲んで楽しく過ごすことにしますよ。

あとがき

私は岸さんの「妾《めかけ》の息子」ということになっている（妾なんて言葉、差別用語かもしれないが、気にしないことにしよう）。

岸さんは人気者なので大勢の取り巻きがいる。ずっと以前のことだが、その中の男性諸氏何人かを、「この人は私の長男ということになってるの、この人は次男よ」と、岸さんが紹介してくれてから、私に「あなたは第何男にしようかしら」とおっしゃるので「僕は、岸さんの妾の息子でいいや」と言ったら、「アラ、面白い、それにしよう」ということになって、それ以来私は岸さんの「妾の息子」である。岸さんのご主人の名誉のために急いで付け加えておくが、岸さんのご主人は清廉《せいれん》潔白で妾など置く方ではありませんでした。

昔は、妾というものは盆暮れには本宅に勝手口からこっそり人目を忍んで伺って、本妻さんに挨拶をしたものだそうである。その際には本妻さんから妾に何か下し置かれたことだろう。今回岸さんと対談する機会を頂いたのは、妾の息子に対する本妻さんのお手当てかもしれない。

岸さんは琉球王朝の血を引く沖縄の名家の御出なのだが、東京生まれの東京育ちなので、言葉が実にしゃっきりとした東京弁で歯切れが良くて、お話になるのを聞いていて気持ちが良い。岸さんはテレビにお出になるようになって、例の「おいしゅうございます」で一躍人気者になったが、あの言葉も生まれつき切れ味の良いきれいな東京弁が身に付いているから自然に出てきたのであって、昨日や今日、言葉の教室に通ったところであの味と気品は得られるものではない。その代わり、ぽんぽんぽーんと勢いよく飛び出す口激も鋭いから、油断がならない。

私がいつも岸さんとお会いしてお話するのは、どうせ何かおいしい物を食べながらのことだから他愛がない。今回こうして改まって対談となると、ちょっと肩が張る。

私は『美味しんぼ』で食べ物を題材にしてはいるが、食べ物のことについては素人、岸さんは料理記者五十年の食べ物の専門家。私はいつも「あれを教えて、これを教えて」と岸さんに甘えっぱなしで、今回も岸さんは無学な私に合わせるのに苦労されたけれど、そこはそれ、妾の息子に情けをかけて大目に見て下さい。

雁屋　哲

美味しんぼ食談

二〇〇六年九月三十日　第一刷発行

著　者　雁屋 哲
　　　　岸 朝子
装　幀　舩木有紀
発行者　真中瑛子
発行所　遊幻舎
〒一〇四―〇〇四五
東京都中央区築地四―一―七　フェニックス東銀座八〇四
電話　〇三（三五四六）六三六一
印刷・製本　株式会社シナノ

ISBN4-9903019-0-0　C0095
定価はカバーに表示してあります。